mentoria e coordenação geral

AUGUSTO CURY

AUTISMO acolhendo MENTES COMPLEXAS

textos para acolher e incluir pessoas com TEA

MILTON ANDRADE

Ellen Mourão • Esly Pedrosa • Gutenberg Pereira • Lais Albuquerque e Renan Azevedo
Leiliane Gonçalves • Letícia Medeiros • Mayra Pinheiro • Michelle Arantes • Milton Andrade
Myllene Câmara • Nathália Batista • Nathalia Lobo • Raquel Lobo • Renato Casimiro
Sérgio Tavares • Sheila Gies • Silvia Magalhães • Teyla Bastos • Vilderly Lopes • Virgínia Castro

Jefte Editora

BRASIL

MILTON ANDRADE

Idealizador do Projeto AMABrasil, visando distinguir empresas com o"Selo Amigo do Autista", construindo pontes para reconhecimento dos autistas em todos os segmentos, demonstrando inclusão de maneira real.

AUTISMO acolhendo MENTES COMPLEXAS

Jefte Editora

São Paulo

2025

Jefte Editora
Editora Resposável
Andréia Aparecida Sales Batista

Mentoria e Coordenação Geral
Augusto Cury

Organização
Milton Andrade

Assessoria
Jemyma Scarlet Andrade
(Jornalista)

Revisão
Renato Casimiro

Capa e Projeto Gráfico
Cauê Pascoa (Studio KWX)

Diagramação
Graphien Diagramação e Arte

Designer Responsável
Daniele Porfirio

1ª Edição – 2025

Jefte Editora
Rua: Francisco Marengo, 1395 – Tatuapé
São Paulo-SP – CEP: 03313-001
Tel: +55 (11) 2295-5207

(AMABrasil) Associação Amigos do Autista Brasil
CNPJ: 51.325.217/0001.02
Inscrição Estadual: 836.395.2
Endereço: Avenida Engenheiro Santana Júnior, nº 2977,
Espaço 16 – Cocó – Fortaleza-Ceará.

Dados Internacionais de Catalogação na Publicação (CIP)

A553a ANDRADE, Milton (Org.)

Autismo: acolhendo mentes complexas / Milton Andrade.
São Paulo: Editora JEFTE, 2025.

224 p. il.:

Vários autores.
ISBN: 978-85-67487-14-4

1. Autismo 2.TEA (Transtorno do Espectro do Autismo)
3. Neurodesenvolvimento 4. Inclusão I. Título II. CURY, Augusto

CDD 616.85

*Catalogação na fonte: Kelli Helena Santos da Silva CRB/87607

"Enxergar os outros com nossos olhos é uma tarefa superficial. Não exige treinamento, mas enxergar com os olhos deles exige refinado treinamento. Sem isso, ainda que sejamos profissionais da saúde mental, jamais entenderemos as lágrimas que não foram choradas, as dores que não foram expressas, os conflitos que não foram verbalizados. Tudo que falarmos do outro será um espelho do que somos e não do que realmente eles são".

Augusto Cury, o Psiquiatra mais lido da atualidade e PATRONO da AMABrasil.

SUMÁRIO

SEGUNDA PARTE

PECULIARIDADES CONCERNENTES AO TRANSTORNO

TERCEIRA PARTE

PAIS ATÍPICOS E DEPOIMENTOS EM GERAL

APRESENTAÇÃO

> **EMPATIA** *é a capacidade de se colocar no lugar do outro e observar o que às imagens não revelam e o que os sons não declaram. Se você é um apontador de falhas você não é empático. Uma pessoa empática se entrega para observar o intangível."*
>
> *Augusto Cury,*
> **PATRONO** *da* **AMABrasil**.

O Autismo é um"distúrbio do neurodesenvolvimento que se caracteriza por alterações presentes desde a idade muito precoce, tipicamente antes dos três anos de idade, com impacto múltiplo e variável em áreas nobres do desenvolvimento humano, como as áreas de comunicação, interação social, aprendizado e capacidade de adaptação". O Autismo é considerado como uma tríade de dificuldades: dificuldade de comunicação, socialização e uso da imaginação, sendo a dificuldade de socialização o ponto crucial do autismo. O CDC – Center for Diseases Control and Prevention dos EUA publicou no mês de maio de 2023 que dentre 36 crianças – uma está no espectro autista nos Estados Unidos. No Brasil, a prevalência atual elevou de 2 para 5,95 milhões de pessoas acometidas com Transtorno do Espectro Autista, exigindo de todos nós mais empatia, atenção, acolhimento e investimento em conhecimento para estarmos preparados para lidar.

A **Dra. Teyla Bastos Andrade,** Embaixadora da **AMABrasil**; há mais de duas décadas dispensa um trabalho incansável às crianças com Transtorno do Espectro Autista dentro de uma estrutura única na região Norte do Estado do Ceará. Ela é Terapeuta Ocupacional formada pela Unifor, há quase 30 anos; Pós graduada em Psicomotricidade e em ABA aplicada ao TEA; Formação em Integração Sensorial, além de outras especializações; é Mestre em Saúde Coletiva pela Universidade de Fortaleza e Doutorado em curso, obtendo alguns resultados que nos inspiram no que tange a evolução nos pacientes de tenra idade que têm atendimento terapêutico multidisciplinar de forma regular. A propósito, o AUTISMO**,** é diagnosticado cada vez mais em crianças a partir de 2 anos de idade, contudo, também, em adultos, incomodando-nos, sobretudo, a falta de investimento por parte do Setor Público.

No dia 2 de abril de 2023, lançamos na Livraria Leitura do Shopping Rio Mar Fortaleza – o Livro intitulado "**Família e Sociedade – passo a passo"**, uma perspectiva multidisciplinar de transtornos, distúrbios e deficiências, tendo a Dra. Teyla Bastos Andrade tratado sobre o transtorno do neurodesenvolvimento com foco no Espectro Autista**.** Mas, antes desse evento – promovemos uma **Experiência Sensorial** com algumas Crianças Autistas ao lado dos seus pais, celebrando o Dia Mundial de Conscientização do Autismo de maneira disruptiva, criativa, empática e inclusiva, uma vez que estávamos dentre os clientes de uma gigante Praça de Alimentação do maior e mais moderno Shopping do Ceará.

Temos uma história recente na nossa família, aliás, a Diretora Clínica da **AMABrasil**, Médica Generalista há mais de 30 anos, avó de duas crianças autistas e, atualmente, o seu filho, aos 30 anos de vida – formado em Engenharia Civil pela Universidade de Fortaleza, foi diagnosticado com autismo.

A decisão de constituir a **AMABrasil,** formada por profissionais técnicos de notoriedade em cada área de sua especialização, além da honra de ter o renomado Psiquiatra **Dr. Augusto Cury, como PATRONO,** instiga-nos a deixar um legado na vida de cada pessoa através desta missão. O Dr. Augusto Cury é considerado o Psiquiatra mais lido da atualidade, dispensando um acompanhamento ao longo da nossa atuação, inclusive, é coordenador editorial da primeira obra escrita da **AMABrasil** e autor do prefácio e primeiro capítulo, intitulada: –"**AUTISMO, Acolhendo Mentes Complexas"**. Essa publicação conta com a participação de brilhantes profissionais que lidam com o autismo de maneira integral, de vários locais do Brasil, inclusive, autistas mulheres com um trabalho admirável, merecendo compartilhar com todos. Cada capítulo é escrito com muito esmero. Um capítulo imperdível, é a história de um casal de advogados dedicados além da conta – Pais de uma criança autista talentosa, mas, houve um investimento desde cedo para evoluir significativamente. Temos o privilégio de contar com a edição e revisão do conceituado Prof. Dr. Renato Casimiro.

O primeiro **Workshop sobre Transtorno do Espectro Autista** realizado pela **AMABrasil**, ocorreu na IPNOVA, uma comunidade cristã ligada a IPB do Brasil, acolhendo a nossa pauta prontamente, cedendo suas instalações acessíveis e modernos para esse acontecimento que recebeu quase mil pessoas além de milhares acompanhando no canal do youtube do nosso Patrono. Dentre os ilustres palestrantes, é importante registrar a participação de uma autista Engenheira Mecânica formada pela UFC, com louvor, Mãe de autista, deixando um legado de inspiração, resiliência, coragem, amor materno inestimável na nossa trajetória.

O "**Selo Amigo do Autista**" foi desenvolvido com o objetivo de CERTIFICAR as empresas através de um escopo de trabalho da **AMABrasil** dentro de diagnóstico, capacitação e a realização de uma Experiência Sensorial com crianças autistas, a fim de estarmos preparados para acolher os autistas e os seus familiares atípicos em todos os locais. Os autistas são clientes invisíveis, mas, presentes em todos os segmentos da indústria. É importante enaltecer a empatia e a visão de grandes empresas que não medem esforços para encantar o cliente, desenvolvendo produtos voltados para os autistas. Estamos tratando de um nicho crescente no mundo que exige dos fornecedores, a partir da fábrica, essa sensibilidade e humanização. Estar preparado para surpreender todos os "shoppers" requer conhecimento e experiência. Vivemos a era das experiências no ponto de venda para gerar fidelidade e retenção de clientes.

É importante registrar os primeiros parceiros nacionais da **AMABrasil** a conquistar a distinção do **"Selo Amigo do Autista"**. A Trebeschi, a maior produtora de Tomates especiais do Brasil, com fazendas no Nordeste, Centro-Oeste, Sudeste e Sul, mas, sobretudo, cumpre-nos compartilhar que o seu CEO Edson Trebeschi demonstrou uma empatia imediata a nossa missão ao perceber que estávamos tratando de crianças, promovendo uma visita inesquecível à unidade de Ubajara, na Serra da Ibiapaba, no Ceará.

Em seguida, a famosa e quase centenária Marilan, Grupo Marilan, da Família Garla, com unidade de produção no Nordeste, apesar da sede de Biscoitos estar em Marília, São Paulo, investindo na conquista do "**Selo Amigo do Autista"** da **AMABrasil**, tornando o seu "Cream Cracker" o mais humanizado do Brasil.

O Grupo Vládia Gonçalves de Marcas e Patentes, com uma trajetória empresarial relevante e uma história de amor atípica. A ContService, do incansável Maurício Libório, a Clécio Albuquerque, a Casa de Vovó Dedé, um legado social na Barra do Ceará do Dr. Mansueto Barbosa, sendo conduzida com muito amor por seu filho Wagner Barbosa.

Milton Andrade
Presidente

SOBRE O AUTOR DO TEXTO

Aponte o seu celular para o QR Code e veja mais.

MILTON ANDRADE

miltonandrade.ma   in miltonandrade1969

Cristão, cearense, casado, pai de duas princesas, apaixonado por crianças, inclusive, deixou um legado na sua trajetória profissional em uma das empresas de sua passagem profissional, intitulado "Projeto Escola", acolhendo mais 100 mil crianças de escolas públicas e privadas de Fortaleza para visitarem essa indústria de alimentos, dentro de uma proposta inclusiva de humanização, empatia e dignidade. Trabalha desde os 10 anos de vida. Idealizador do Projeto AMABrasil, a única organização do terceiro setor que tem a honra de contar como PATRONO – o Psiquiatra mais lido do mundo, Dr. Augusto Cury, visando distinguir às empresas com o "Selo Amigo do Autista", construindo pontes para reconhecimento dos autistas em todos os segmentos, demonstrando inclusão de maneira real.

"Enxergar os outros com nossos olhos é uma tarefa superficial. Não exige treinamento, mas enxergar com os olhos deles exige refinado treinamento. Sem isso, ainda que sejamos profissionais da saúde mental, jamais entenderemos as lágrimas que não foram choradas, as dores que não foram expressas, os conflitos que não foram verbalizados. Tudo que falarmos do outro será um espelho do que somos e não do que realmente eles são".

Augusto Cury, o Psiquiatra mais lido da atualidade e **PATRONO** *da* **AMABrasil**.

PRIMEIRA PARTE

A CIÊNCIA E MULTIDISCIPLINARIDADES CONCERNENTES AO TRANSTORNO

AUTISMO: MENTES COMPLEXAS

Augusto Cury (*)

INTRODUÇÃO

Recebi, com muita honra, o título de embaixador da Associação Brasileira dos Amigos dos Autistas, AMABrasil, pelos estudos, livros, trabalho na área e treinamento para profissionais de saúde, como médicos e psicólogos, bem como pais e professores. Em primeiro lugar, autismo não é uma doença clássica, mas um transtorno multimodal, multicausal e multiespectral. E no mundo todo há erros sérios no diagnóstico do espectro autista. E, cuidado com a indústria destes diagnósticos. Classificar um ser humano pode ser cruel. Uma criança ou adolescente autista é um ser humano de altíssima complexidade, ainda que tenha déficit de sociabilidade e comunicabilidade. Rotular um ser humano por déficit de aprendizado, déficit cognitivo ou de socialização, pode rotulá-los a vida toda de forma atroz e abalar os pais.

Os diagnósticos servem para conduta terapêutica, mas não para encarcerar. No livro o Futuro da humanidade, na peça teatral derivada dele e no longa-metragem que será baseado nele, eu crítico severamente o encarceramento dos rótulos. Quem tem um transtorno e os supera, ou se reinventa, ou se psicoadapta ou desenvolve novas habilidades fica mais belo, interessante, inteligente, fascinante, inclusive os portadores do espectro autista.

Estou muito feliz e honrado de ser o encorajador de brilhantes profissionais das mais diversas áreas para escrever cada capítulo desta importantíssima obra sobre as crianças e adolescentes com espectro

---

(*) Médico (FUNFARME, S. José do Rio Preto-SP, 1984); PhD (Florida Christian University – EUA, 2013). Psiquiatra, psicoterapeuta, escritor e pesquisador.

autista, revelando não apenas que são mentes complexas e únicas, mas colocando também suas experiências, seus desafios e suas técnicas de tratamento. Eu não me curvaria diante de reis, políticos e celebridades, mas me curvo diante deles. Curvo-me também diante de todos os pais e professores que dão o melhor de si para que estes seres humanos notáveis desenvolvam seu potencial intelectual e social.

A MENTE HUMANA, UM UNIVERSO A SER EXPLORADO

O ESPETÁCULO DA CONSCIÊNCIA: ALGUNS COMPLEXOS FENÔMENOS QUE MOVIMENTAM O ECOSSISTEMA MENTAL DE AUTISTAS E NÃO AUTISTAS

Se você apontar a área da ponta de uma caneta para o universo e usar o microscópio James Weber, o mais avançado já lançado, detectará perplexo que esta pequeníssima área conterá mais de 10 mil galáxias e cada galáxia conterá bilhões de planetas e estrelas. O universo é um mundo fascinante e inexplorável em sua plenitude. Mas, há um universo mais complexo que o físico, a mente humana. Temos cerca de 86 bilhões de células neuronais e cada uma com pelo menos dez mil interconexões, gerando uma rede quase infinita de possibilidades de armazenamento de dados e experiências. Mas, muito mais do que isto, esse armazenamento é a base onde se realizam processos mentais incrivelmente complexos de onde se nutre o espetáculo inenarrável da consciência existencial. Não é possível definir a consciência de si e do mundo, pois toda narrativa, ainda que seja composta por todos os livros de psiquiatria, psicologia, psicopedagogia e sociologia, é apenas uma fração ínfima do todo.

Você pode ir a muitos espetáculos e se encantar com alguns deles, mas se for um ser humano que sai da superfície da inteligência e entra em camadas mais profundas do intelecto, deverá se encantar muito mais com o espetáculo da consciência, que tem em seu portifólio os afetos, apoios, encorajamentos, dores, perdas, frustrações, prazeres, tranquilidade, solidão, tédio, ansiedade, humor triste, motivação, sentido de vida, sonhos. E se considerarmos que nas entranhas da própria consciência há experiências que ultrapassam os limites da linearidade das reações físico-químicas, como se sentir solidão em meio à multidão, como amar quem não corresponde às expectativas, como construir pensamentos com uma autonomia não programável, tudo fica mais complexo e muito mais desafiador para estudarmos e compreendermos. Estamos deslumbrados com os avanços dantescos da IA, Inteligência Artificial, mas não ficamos fascinados com a mente de uma criança ou adolescente com espectro autista, que tem alguns níveis de comprometimento da interação social, da comunicação verbal e não verbal e, às vezes, expressa reações repetitivas. A Inteligência Artificial jamais experimentará consciência de si mesma, a não ser pelas vias da simulação, jamais vivenciará o tédio, a solidão, a dúvida, a insegurança, as fobias, o amor, o desejo de pertencimento a um grupo social, pois será sempre escrava de códigos programáveis. Indubitavelmente, a mente de uma criança autista, quando experimenta uma crise de ansiedade, é mais complexa que a capacidade de todos os supercomputadores unidos. Não é uma questão de retenção de dados e de respostas surpreendentes, como o chat GPT, mas é uma questão de ter os processos mentais e os fenômenos que são capazes de formar o espetáculo da consciência existencial, ainda que estejam comprometidas no autismo.

Para entendermos a complexidade da mente humana precisamos compreender minimamente a última fronteira da ciência, que abrange o processo do desenvolvimento da consciência, da construção do Eu, da formação dos pensamentos e das emoções, bem como o processo da organização da colcha de retalhos da história existencial de cada ser humano. Você pode querer não conviver com seus amigos de infância, os ambientes em que viveu, as pessoas que te apoiaram ou te feriram, mas jamais poderá negar a tua história, pois a construção dela no córtex cerebral não depende do teu Eu. O que é o Eu? É a expressão máxima da autonomia da consciência, a capacidade de escolha, autodeterminação e identidade. A nossa história arquivada no universo do cérebro é o sustentáculo da consciência, mas ela é construída de forma involuntária e inconsciente, produzida pelo fenômeno RAM (registro automático da memória), que chamo de biógrafo "não autorizado" de cada ser humano. Ele arquiva diariamente milhares de pensamentos, emoções, experiências, imagens, no córtex cerebral tecendo a nossa história.

Rejeite alguém que ele dormirá com você e perturbará seu sono. Odeie alguém e queira que ele esteja do outro lado do planeta que o fenômeno RAM o arquivará de forma privilegiada em seu córtex cerebral, fazendo com que ele almoce com você e perturbe seu apetite. A maior vingança contra um inimigo não é evitá-lo, mas perdoá-lo, ainda que não mereça. E para isso é fundamental que o nosso Eu se desenvolva e entenda que por detrás de uma pessoa que fere há sempre alguém ferido. As rejeições, exclusões, raiva, sentimento de vingança, fazem mal em primeiro lugar ao hospedeiro, pois imprime de forma inapagável em sua mente o que ele mais detesta. Não é possível deletar a memória, só reeditá-la.

DESENVOLVER O EU É FUNDAMENTAL

Você pode selecionar dados e ambientes com que quer conviver, mas uma vez tendo contato com eles e produzindo pensamentos e emoções relacionados a eles, você os arquivará, quer deseje ou não. Os filósofos existencialistas, como Jean Paul Sartre, defendiam a tese de que o ser humano está condenado a ser livre, por isso os bebês querem explorar os ambientes, os jovens querem conhecer novos amigos, adultos constroem sonhos, povos oprimidos constroem estratégias para escapar das ditaduras, mas os existencialistas falharam na compreensão mais profunda da mente humana. Por termos o fenômeno RAM, como biógrafo inconsciente e involuntário, nossa mente pode lutar e aspirar a liberdade em seus amplos aspectos socioemocionais, mas nunca será livre para decidir ter uma história. E não devemos reclamar, pois sem a colcha de retalhos de nossa história não teríamos consciência de nós mesmos e do mundo que nos cerca e nem muito menos consciência da própria liberdade e da sede insaciável por ela. Uma das causas importantes, que veremos, que nutre a ansiedade dos portadores do espectro autista é que a sede de liberdade de pensar, imaginar, sonhar, socializar, não está sendo adequadamente satisfeita. Não os critique e nem seja impaciente com eles, os compreenda e entenda sua complexidade mental.

Não basta ter consciência, é preciso desenvolvê-la, não basta ter um Eu, é preciso educá-lo, equipá-lo, treiná-lo para ser líder de si mesmo. Todo ser humano, seu Eu, não importa se tem síndrome de Down, espectro autista, psicose, depressão, síndrome do pânico, dependência de drogas ou algum outro transtorno emocional. Todo ser humano por ter um Eu, é único e irrepetível. Mas a grande maioria tem um Eu inadequadamente desenvolvido, mesmo os que se consideram normais e saudáveis. Em minha opinião não há ninguém normal, a não ser por padrões que ele mesmo cria. É raro não encontrar alguém que não seja vítima frequente ou infrequente da ansiedade, irritabilidade, sofra pelo futuro, remói mágoas, seja autopunitivo, criticista, cobrador excessivo dos outros, tenha dificuldade de conviver com pessoas que não correspondem as suas expectativas.

De todos os fenômenos que estão comprometidos nas crianças e adolescentes com espectro autista para a formação do Eu, e consequentemente da sociabilidade e comunicabilidade, o fenômeno RAM é o mais importante, pois é o que nutre outros fenômenos, que abordarei. Desobstruí-lo é fundamental. Devemos sempre ter em mente que fenômeno RAM registra tudo que se encena no teatro da mente, mas arquiva de forma privilegiada as experiencias que têm mais volume emocional, haja vista que recordamos com mais facilidade as frustrações, as perdas, as decepções, os apoios, os encorajamentos, as grandes alegrias da existência.

O grande desafio é gerar alta emocionalidade nas crianças e adolescentes com espectro autista para impulsionar o fenômeno RAM a alavancar a construção da colcha de retalhos da história para, consequentemente, desenvolver a consciência existencial e, também consequentemente, educar o Eu e suas amplas habilidades socioemocionais, como a autonomia, empatia, capacidade de debater ideias, pensar antes de reagir, gerenciar a ansiedade, empreender.

Além do fenômeno RAM, há outros fenômenos que tornam nossa mente tão complexa que ela, mais do que qualquer desafeto ou inimigo, cria nossos maiores problemas. Quando temos contato com um estimulo, seja um comportamento, ou um objeto, se processa os processos mentais que iniciam a construção de pensamentos e emoções. É o primeiro ato do teatro mental, operado em frações de segundo. E neste ato atuam pelo menos quatro fenômenos fora do controle do Eu, fora da nossa capacidade de escolha ou autocontrole. As primeiras reações iniciais de sociabilidade, egocentrismo, timidez, insegurança, fobias, bom-humor, pessimismo, otimismo, flexibilidade, radicalismo, surgem pela atuação desses quatro fenômenos inconscientes, que são copilotos que ajudam o Eu a pilotar a aeronave mental ou atores coadjuvantes que ajudam o Eu a encenar sua peça mental. Uso metáforas para tentar explicar o intangível mundo que ocorrem em milésimos de segundo em nossa mente.

Ninguém deve ser criticado pela primeira reação pessimista, egoísta, irritadiça, tímida, que é produzida no primeiro ato do teatro mental, mas no segundo ato, que pode ser outra fração de segundo ou segundos depois, o Eu tem de entrar em cena e pegar os instrumentos de navegação da mente e dirigir a aeronave mental, dirigir seu script, caso contrário, será sempre vítima e não autor de sua história. Neste caso, poderá cometer atos violentos, alterações do tom de voz, exclusões, discriminações.

O Eu, como fenômeno expressão máxima da vontade consciente, não tem controle do registro da memória, produzido pelo fenômeno RAM, e nem controle das leituras e reações iniciais que se traduzem nos primeiros pensamentos e emoções, produzidos pelos quatro fenômenos que comentarei. E a atuação desses quatro fenômenos é mais uma tese que coloca em xeque a tese nobilíssima dos existencialistas de que o ser humano está condenado a ser livre. Se não tivermos uma educação que trabalhe o Eu para gerir pensamentos e emoções com maestria e dirigir com inteligência o nosso script, por exemplo impugnando pensamentos perturbadores e reciclando emoções toxicas logo que elas são construídas, poderemos falar em liberdade dia e noite que ainda assim seremos escravos vivendo em sociedades livres. Infelizmente a educação mundial, mesmo nas melhores universidades, é cartesiana e racionalista, nos ensina a conhecermos milhões de informações que vão do imenso espaço ao pequeno átomo, mas não ensina a conhecer e desenvolver o Eu para ser líder de si mesmo, gestor da sua emoção e seus pensamentos. A educação exteriorizante está doente, formando pessoas doentes para uma sociedade doente.

Pensamos apenas pensamentos inteligentes, coerentes, lúcidos, tranquilos? Sem dúvida que não. Se com frequência o Eu, através da sua autonomia, não constrói pensamentos perturbadores, quem é responsável por confeccioná-los? Como comentei, são pelos quatro fenômenos inconscientes que realizam esses processos mentais sofisticadíssimos: o Gatilho da memória ou fenômeno da Autochecagem, as Janelas da memória ou arquivos mentais, a Âncora da memória ou Âncora histórica e o fenômeno do Autofluxo. Eles podem transformar nossa mente numa casa de estresse, fomentando fobias, preocupações, autocobranças, ruminação de decepções, ou num oásis, nutrindo sonhos, recordações prazerosas, tecendo saudades, imagens mentais estimulantes. Se não gerenciadas pelo Eu, nossa mente se torna uma casa de "terror". Mas, mesmo se for uma casa de "terror" é indubitável que essas construções intelecto/emocionais produzidas por esses quatro fenômenos gerem uma fonte de distração, entretenimento, algo que está reduzido nos autistas, o que maximiza as crises de ansiedade.

Se o fenômeno RAM, registro automático da memória, está em diferentes níveis bloqueado, diminui-se o processo de registro da experiencias existenciais, retraindo consequentemente a formação da colcha de retalhos da histórica existência, e esta retração oferta menos estímulos para os quatro fenômenos inconscientes que leem a memória, diminui a fonte de imaginação e de pensamentos e asfixiando o entretenimento, o relaxamento, contraindo a comunicabilidade, sociabilidade e auto-sociabilidade (ser humano relacionando consigo mesmo, produzindo imagens, pensamentos que o distraem) e a expandindo, desse modo, os níveis de ansiedade e inquietação. Se as experiências com os pais, os irmãos, avós, colegas, não são registrados na qualidade e intensidade que deveriam, compromete a formação de pontes sociais, e o desenvolvimento dos dois pilares centrais da personalidade: pensar antes de reagir e a empatia. Porém, a boa notícia é que é possível estimular a atuação do biógrafo do cérebro, o fenômeno RAM, e impulsionar os copilotos do Eu.

Durante mais de três décadas me envolvi na jornada de construção de conhecimento onde escrevi mais de três mil páginas sobre a formação da consciência, do Eu, dos pensamentos, da emocionalidade e dos papeis da memória, antes de publicar meu primeiro livro. Matéria que ensino aos meus alunos do programa de mestrado e doutorado da USP. É fascinante conhecer os fenômenos que os tecem como seres humanos que pensam e se emocionam e que podem nos tonar protagonistas da sua história.

O primeiro fenômeno, o Gatilho da memória ou fenômeno da Autochecagem, é assim chamado pois dispara no córtex cerebral diante de qualquer estímulo físico, comportamental ou intrapsíquico. O segundo, as Janelas da memória (os arquivos mentais), se abrem após os gatilhos dispararem. O terceiro fenômeno, Âncora da memória ou da história, se fixa em determinada região do córtex cerebral para dar foco, inclusive para ouvir uma aula, realizar milhares de tarefas cotidianas, ter conversas corriqueiras. O quarto fenômeno, o Autofluxo, lê e relê as áreas onde a Âncora se instalou e produz um fluxo ininterrupto de pensamentos e emoções diários, mesmo quando estamos dormindo. Eles compõem o sofisticadíssimo ecossistema dos fenômenos que movimentam o universo da mente humana, independentemente de cor, sexo, raça, cultura, formação acadêmica, idade, ou de ser, ou não, portador de um espectro autista ou de um transtorno mental qualquer.

A TÉCNICA DE GESTÃO DA EMOÇÃO: TTE – TÉCNICA DA TEATRALIZAÇÃO DA EMOÇÃO PARA TURBINAR O FENÔMENO RAM E OS QUATRO COPILOTOS DO EU

Temos as janelas ou arquivos mentais neutros, que praticamente não tem emoção, que devem corresponder a mais de 90% dos arquivos do córtex cerebral. Temos as janelas que contém emoção: as traumáticas, que possuem as inquietações, crises ansiosas, ciúmes, tédio, solidão, etc., e as light ou saudáveis, que contem apoios, afetos, compreensão, empatia, ousadia, autoconfiança, etc. Algumas janelas light ou traumáticas podem ser tão poderosas, que se tornam estruturais ou duplo P, ou seja, com duplo poder – de ser encontradas em meio a milhões de janelas e poder de ser lida e relida e ser registrada de volta, retroalimentando e expandindo a colcha de retalhos da memória.

As janelas traumáticas duplo P têm grande poder de atração e acessibilidade. O primeiro grande objetivo da técnica da teatralização da emoção "TTE" é promover fortemente a emocionalidade para destravar o fenômeno RAM através de gerar as janelas duplo e assim acionar a psicodinâmica dos copilotos do Eu (Gatilho, Janelas, Âncora emocional e Autofluxo), que são os fenômenos inconscientes que construirão o mundo dos pensamentos, imagens mentais e emoções, que alavancam o desenvolvimento personalidade.

Como se faz a TTE? Teatralizando com volume, profusão, solenidade, aplausos, cada comportamento saudável que a criança expressa, mesmo os bebês, como um momento de calma, um comportamento dócil, uma atitude altruísta, um pedido dos pais obedecido: "parabéns, você é incrível", "você é demais!", "você é minha alegria", "que orgulho ter você como filho ou aluno". Deve-se fazer festividade por qualquer coisa, mas não prolongadamente, para não ocorrer a psicoadaptação e perder-se o efeito da técnica. O bebê, a criança e o adolescente espectro autista ou até mesmo que tem hiperatividade ou síndrome do pensamento acelerado, poderão não entender o conteúdo do elogio e nem objetivos psicodinâmicos complexos envolvidos com a técnica, mas, reitero, provocará sua emoção, que provocará o biógrafo do cérebro a fazer registros no córtex cerebral, que estimulará os atores coadjuvantes do Eu, que alavancará a formação da história existencial, que produzirá pontes sociais, expandindo a comunicação, que fará com eles procurem novos comportamentos saudáveis para conquistarem novos aplausos, fechando o ciclo dos processos mentais. Não é mágico o processo, é lento, exige perseverança e treinamento ao longo dos meses e anos, mas pode ser poderoso e magnifico. Mas, em algumas semanas, se o córtex cerebral está razoavelmente preservado para registrar informações e experiências o sol começa a aparecer, os retornos começam a surgir. Vale dançar, colocar música, contato com animais, enfim, tudo que puder nutrir a emocionalidade.

E quando o bebê, ou a criança ou adolescente fizer birra, tiver comportamentos frustrantes, agressivos, agitados ou com movimentos ritualísticos? Pais, vocês são incríveis e tem filhos incríveis, por favor jamais os agridam! Não os punam e nem eleve o tom de voz. Nem passem sermões! Esses comportamentos são esperados. Você deve fazer a TTE mostrando não a alegria, mas teatralmente sua tristeza, sua dor, o sentimento de que foi frustrado: "o pai ou a mamãe está muito triste com seu comportamento", "você é um filho ou filha maravilhoso, mas você me machucou com sua atitude". Não façam a técnica de forma seca, fria, estéril. Exalte sua dor, mas reitero nunca os punam. E saia de lado rapidamente, não sejam plateia. Lembrem-se "pais plateia estimulam seus filhos a darem show da birra", seja com espectro autista ou não.

A TTE não vai gerar hipersensibilidade? Sim, mas se gerar, você acertou na sua prática. Pois é muito mais fácil corrigir a hipersensibilidade do que a insensibilidade, pois esta fomenta a contração da emoção e das relações sociais. Mas, no futuro não pode gerar sentimento de culpa em meus filhos e alunos se eu mostrar minha dor ou decepção com eles? Pode e deve gerar. A ausência de culpa forma psicopatas, a presença branda forma mentes sociáveis (nosso objetivo). Equilibre com o tempo a técnica TTE que eles aprenderão a pensar nas consequências de seus comportamentos, terão um sentimento de culpa brando, mas fundamental para exercer seus direitos e deveres sociais. O que me preocupa muitíssimo é que na era da intoxicação digital milhões de crianças e adolescentes, que aparentemente não têm grandes conflitos, estão desenvolvendo em todas as nações "modernas" traços de psicopatia, de insensibilidade, de radicalismo, de despreocupação com a dor dos outros. A técnica de gestão da emoção "TTE" pode funcionar como uma vacina socioemocional para prevenir o autoritarismo, a violência social, o bullying.

Muitos pais, cujos filhos tinham espectro autista, que me procuraram completamente sem esperanças viram a intelectualidade, a emocionalidade e a sociabilidade dos seus filhos desabrocharem.

O grande risco é os pais, cujos filhos são diagnosticados com autismo ou que tem comportamentos semelhantes, ao vê-los melhorarem seu aprendizado com essa técnica propulsão, cognição e socialização, interrompam-na antes de formar milhares de janelas capazes de expressar habilidades socioemocionais fundamentais. Sinceramente a interrupção é comum e compromete a evolução da personalidade.

Quantas vezes devemos fazer a TTE por semana? Semana não, dezenas de vezes por dia. Por quantos anos? Depende, mas pelo menos por três a quatro anos ininterruptamente. Quem deve participar? Todos ao redor, mãe, pai, outros irmãos, avós, professores, colaboradores. Quem mais pratica a Técnica da Teatralização da Emoção? As mães. Elas são únicas. Embora haja exceções, muitos pais e professores admiravam a técnica, mas se perdiam em suas atividades e a faziam esporadicamente.

A TTE deveria ser praticada não apenas com alunos especiais, mas de forma branda em todas as classes e com todos os alunos, da pré-escola a pós-graduação, em todas as famílias e em todas as empresas, pois ela forma os pilares centrais da socialização: a empatia e a capacidade de pensar antes de reagir. Cada ser humano é único e irrepetível e tem um

Eu que pode e deve ser educado para sair da plateia e se tornar o tanto quanto possível autor da sua história, diretor do seu script, gestor da sua mente. Todo psiquiatra, psicólogo, educador, pais, somos ou deveríamos ser garimpeiros de ouro nos solos da psique: um garimpeiro não cria o ouro, mas pode e deve remover as pedras...

SOBRE O AUTOR DO TEXTO

AUGUSTO CURY

https://augustocuryinstitucional.com.br/

augustocury

augustocury/

Aponte o seu celular para o QR Code e veja mais.

O psiquiatra mais lido do mundo, autor brasileiro mais lido neste século, professor do programa de mestrado e doutorado da USP. Autor de uma das raras teorias mundiais sobre o processo de construção de pensamentos, formação do eu e do programa de gestão da emoção! Seus livros estão sendo versado para cinema e seriados.

O PAPEL DO PEDIATRA NO ACOMPANHAMENTO DO NEURODESENVOLVIMENTO DA CRIANÇA E NO DIAGNÓSTICO PRECOCE DE TEA

Mayra Pinheiro (*)

Toda criança deve ter direito ao acompanhamento do seu crescimento e do seu neurodesenvolvimento. As consultas de puericultura realizadas pelo pediatra, são extremamente importantes para prevenção de doenças, detecção de desvios no crescimento e neurodesenvolvimento, diagnóstico precoce de enfermidades e seu tratamento. A consulta padrão de pediatria deve contemplar a aferição dos parâmetros de crescimento (peso, estatura e perímetro cefálico) e também a avaliação do neurodesenvolvimento, através de instrumentos que podem servir para detectar atrasos nas áreas: pessoal-social (diz respeito às capacidades de socialização da criança dentro e fora do ambiente familiar); de motricidade fina (analisa o nível de coordenação olho-mão da criança por meio de pequenos objetos); da linguagem (consiste na percepção das habilidades da criança em produzir sons, reconhecer coisas, compreender ideias e se comunicar); da motricidade ampla (analisa o controle motor corporal da criança, incluindo atividades como sentar, pular, andar, caminhar e qualquer outro movimento de musculatura ampla).

Muitas doenças neurológicas podem ser detectadas precocemente por pediatras responsáveis e pais comprometidos. Uma delas é o TEA – Transtorno do Espectro Autista, cujas manifestações clínicas se iniciam nos primeiros anos da infância. Em algumas crianças, os sintomas são

(*) Médica pediatra e neonatologista. Mestre em Ciências pela Universidade de São Paulo (USP). Doutoramento em Bioética pela Universidade do Porto – Portugal. Ex-Secretária Nacional da Secretaria de Gestão do Trabalho e da Educação em Saúde do Ministério da Saúde do Brasil.

visíveis logo após o nascimento. Na maioria dos casos, no entanto, os sintomas do TEA só são identificados entre os 12 e 24 meses de idade (**APA 2014a**).

O TEA é um transtorno do desenvolvimento neurológico, caracterizado por dificuldades de comunicação e interação social e pela presença de comportamentos e/ou interesses repetitivos ou restritos. Esses sintomas são os principais elementos do transtorno, mas a gravidade de sua apresentação é variável (**APA 2014b**).

O TEA é permanente, sem cura, mas intervenção precoce pode alterar o prognóstico e abrandar os sintomas. Infelizmente, seja por desconhecimento, por negligência ou dificuldade de acesso à consulta pediátrica, o diagnóstico, só ocorre em média aos 4 ou 5 anos de idade (**CDC 2014; FOUNTAIN, et al. 2011**). Essa situação é lamentável, tendo em vista que a intervenção precoce está associada a ganhos significativos no funcionamento cognitivo e adaptativo da criança.

Nos últimos anos, as estimativas da prevalência do autismo têm aumentado consideravelmente. Esse aumento na prevalência do TEA é, em grande parte, um resultado da ampliação dos critérios diagnósticos e do desenvolvimento de instrumentos de rastreamento e diagnóstico com propriedades psicométricas adequadas (**GRINKER 2010**). Sua prevalência é maior em meninos do que em meninas, na proporção de cerca de 4:1 (**CHRISTENSEN et al. 2016**).

De acordo com o Center for Diseases Control and Prevention dos Estados Unidos (EUA), a prevalência atual do TEA nos EUA é de 1:68 casos (**CDC, 2017**) e no mundo a prevalência global é estimada em 1:100 casos (**LAI et al. 2014**). No Brasil não há números oficiais de prevalência de autismo.

O TEA é causado por uma combinação de fatores genéticos e fatores ambientais. Apesar de claramente importantes, os fatores genéticos não atuam sozinhos, sendo sua ação influenciada ou acelerada por fatores de risco ambiental, incluindo, entre outros, a idade avançada dos pais no momento da concepção, a negligencia extrema dos cuidados da criança, a exposição a certas medicações durante o período pré-natal, o nascimento prematuro e baixo peso ao nascer (**MANDY & LAI 2016**).

Quanto mais precoce for o diagnóstico, mais rápido o tratamento poderá ser iniciado e melhores serão os resultados, considerando a fase de maior velocidade de formação de conexões cerebrais e a neuroplasticidade (**ANAGNOSTOU et al. 2015; ZWAIGENBAUM et al. 2016**).

Os lactentes, que são as crianças de 29 dias a 2 anos de vida, já podem demonstrar sinais de autismo desde os primeiros meses de vida. O atraso para adquirir o sorriso social, o desinteresse por objetos apresentados e pela face humana, o olhar não sustentado ou ausente, a preferência por dormir sozinho no berço e demonstrar irritabilidade quando ninado no colo, a ausência da ansiedade de separação e indiferença quando os pais se ausentam podem ser sinais precoces que indicam que o neurodesenvolvimento precisa ser avaliado e que há a necessidade de estimulação precoce centrada na socialização, linguagem e afeto dessa criança. O pediatra deve inserir essa investigação nas consultas de puericultura (**BRIAN, J.A. et al. 2015**).

A Academia Americana de Pediatria recomenda que toda a criança seja submetida a uma triagem para o TEA entre 18 e 24 meses de idade, que pode ser feito pela aplicação do M-CHAT (Anexo 1), mesmo naquelas que não estão sob suspeita diagnóstica de TEA ou outros transtornos, desvios e atrasos do desenvolvimento. O teste pode ser repetido em intervalos regulares de tempo ou quando houver dúvida (**AAP 2017**).

O M-CHAT é uma escala autoexplicativa, fácil de ser realizada no consultório pelo pediatra durante a consulta de rotina da criança. O questionário possui 23 questões claras, com respostas sim ou não, e que deve ser respondido pelos pais e/ou cuidadores. A escala compreende perguntas sequenciadas com respostas simples e, ao final, é fornecido um escore do total de pontos. O acesso é on line e pode ser feito via Sociedade Brasileira de Pediatria. Esse total de pontos define se a criança tem risco ou não na triagem para autismo. O resultado deve ser repassado aos pais e/ou cuidadores na mesma consulta, sempre correlacionando o desenvolvimento e comportamento da criança com dados colhidos na anamnese e exame físico completos (**TSG 2017**).

Ao final do questionário, o pediatra irá deparar-se com uma recomendação, como: 1) Seu Resultado: Não são apresentados sinais do Espectro Autista; ou 2) Seu Resultado: Deve-se ter atenção e procurar um Profissional de Saúde para determinar se está ou não dentro do Espectro Autista.

Este resultado deve ser informado com cuidado, explicando aos pais detalhadamente para evitar mal entendidos. Quando o resultado afirmar a importância de buscar o profissional especializado, ou quando indicar ausência de sinais de autismo, e o pediatra ainda tiver dúvidas quanto à possibilidade de algum desvio do desenvolvimento, a família deve ser esclarecida que pode haver algum risco para a criança e que ela deve ser avaliada por um profissional médico especializado em desenvolvimento o quanto antes.

Por se tratar de um instrumento de triagem e não de diagnóstico, nem todas as crianças que pontuam no M-CHAT serão diagnosticadas com TEA, ou vice-versa. No entanto, os resultados podem apontar para existência de outros transtornos de desenvolvimento, como, por exemplo, atraso da linguagem. Nos casos de escores positivos, ou de suspeita de atraso nos marcos do neurodesenvolvimento e na interação social, é fundamental o encaminhamento para avaliação especializada por médico especialista e equipe multiprofissional. A estimulação precoce é fundamental, tanto para auxiliar o desenvolvimento cerebral de forma mais saudável possível, quanto para esclarecer e dar apoio educativo aos pais e/ou cuidadores.

Quanto mais precoce a criança iniciar a estimulação, mais chances de ter a trajetória do seu desenvolvimento otimizada, além da possibilidade de melhorar os resultados no funcionamento sócio adaptativo a longo prazo.

É papel de todo pediatra investigar na anamnese, na avaliação física e na aplicação de escalas quaisquer atraso do desenvolvimento neuropsicomotor. Importante lembrar que as informações contidas no questionário têm caráter informativo e educacional e de nenhuma forma devem ser utilizadas para autodiagnóstico, autotratamento ou automedicação. Quando houver dúvidas, um médico deverá ser consultado. A escala pode ser obtida pelo endereço eletrônico: http://mchatscreen.com/wp-content/uploads/2015/05/M-CHAT_Portuguese_Brazil.pdf

REFERÊNCIAS BIBLIOGRÁFICAS

AMERICAN ACADEMIC OF PEDRIATICS (AAP). *Autism*. Disponível em: www.healthychildren.org/English/health-issues/conditions/Autism/Pages/How-Doctors-Screen-for-Autism.asp Acesso em: 24.01.2017.

AMERICAN PSYCHIATRIC ASSOCIATION (APA). *Manual Diagnóstico e Estatístico de Transtornos Mentais (DSM-5).* Transtorno do Espectro Autista. Artmed, 2014a.

AMERICAN PSYCHIATRIC ASSOCIATION (APA). *Manual de Diagnóstico e Estatístico de Transtornos Mentais (DSM-5)*. ed. Porto Alegre: Artmed, 2014b.

ANAGNOSTOU, E., ZWAIGENBAUM, L, SZATMARI, P, FOMBONNE, E, FERNANDEZ, BA, WOODBURY-SMITH, M. *Autism spectrum disorder:* advances in evidence- based practice. CMAJ 186(7):509-519, 2014.

BRIAN, J.A., BRYSON, S.E., ZWAIGENBAUM, L. *Autism spectrum disorder in infancy:* developmental considerations in treatment targets. Curr. Opin. Neurol. 28(2):117-123, 2015.

CENTERS for DISEASE CONTROL and PREVENTION (CDC). Developmental Disabilities Monitoring Network Surveillance Year 2010 Principal Investigators. *Prevalence of autism spectrum disorder among children aged 8 years – autism and developmental disabilities monitoring network,* 11 sites, United States, 2010. MMWR Surveill Summ.: 63(2):1–21, 2014.

CENTERS for DISEASE CONTROL and PREVENTION (CDC). *Autism Spectrum Disorder (ASD) – Data & Statistics.* Disponível em: www.cdc.gov/ncbddd/autism/data.html. Acesso em: 24 jan. 2017.

CHRISTENSEN, D. L., BAIO, J., Van NAARDEN BRAUN, K., BILDER, D., CHARLES, J., CONSTANTINO, J. N. *Prevalence and Characteristics of Autism Spectrum Disorder Among Children Aged 8 Years-Autism and Developmental Disabilities Monitoring Network,* 11 Sites, United States, 2012. MMWR Surveill Summ. 65(3):1–23, 2016.

FOUNTAIN, C., KING, M. D., BEARMAN, P. S. *Age of diagnosis for autism:* individual and community factors across 10 birth cohorts. J. Epidemiol. Community Health. 65(6):503–510, 2011.

GRINKER, Roy Richard. *Autismo um mundo obscuro e conturbado.* São Paulo: Larrousse do Brasil; 2010. 320p.

LAI, M. C., LOMBARDO, M. V., BARON-COHEN, S. *Autism*. Lancet: 383:896-910, 2014.

MANDY, W., LAI, M. C. *Annual Research Review:* The role of the environment in the developmental psychopathology of autism spectrum condition. J. Child Psychol. Psychiatry: 57(3):271–292, 2016.

TENNESSEE STATE GOV. (TSG) *Modified Checklist for Autism in Toddlers (M-CHAT).* Disponível em: https://tn.gov/assets/entities/behavioral-health/attachments/Pages from_CY_BPGs_473-477.pdf Acesso em: 25 jan. 2017.

ZWAIGENBAUM, L., BAUMAN, M. L., FEIN, D., PIERCE, K., BUIE, T., DAVIS, P. A. *Early Screening of Autism Spectrum Disorder:* Recommendations for Practice and Research. Pediatrics: 136(1):41-59, 2015.

SOBRE O AUTOR DO TEXTO

MAYRA PINHEIRO

Dra.mayra.oficial

Aponte o seu celular para o QR Code e veja mais.

Médica pediatra e neonatologista. Mestre em Ciências pela Universidade de São Paulo (USP). Doutoramento em Bioética pela Universidade do Porto –Portugal. Ex-Secretária Nacional da Secretaria de Gestão do Trabalho e da Educação em Saúde do Ministério da Saúde do Brasil.

A IMPORTÂNCIA DA AVALIAÇÃO NEUROPSICOLÓGICA

Vilderly Veras Martins Lopes (*)

CONCEITUAÇÃO E RELEVÂNCIA DA NEUROPSICOLOGIA

A Neuropsicologia é a área da Psicologia que se dedica ao estudo da relação entre as funções do sistema nervoso e o comportamento humano, utilizando, para tanto, conhecimentos e construtos teóricos relacionados a neurociências, a avaliação psicológica e a Psicologia do Desenvolvimento. Ela busca identificar as regiões cerebrais responsáveis pelos comportamentos dos pacientes, bem como a forma como eles internalizam estímulos variados. Caracteriza-se como campo de atuação interdisciplinar, no âmbito da saúde pública ou privada, com ênfase nas relações entre o neurodesenvolvimento, o funcionamento cerebral, o comportamento, a cognição e os aspectos socioafetivos (**CFP, 2023**).

Nesse sentido pode-se dizer que o Neuropsicólogo analisa as relações entre o funcionamento do cérebro com os aspectos cognitivos, emocionais, da personalidade e do comportamento humano. Utiliza métodos clínicos e instrumentos padronizados para avaliação das funções neuropsicológicas de atenção, percepção, linguagem, raciocínio, emoção, comportamento, memória, aprendizagem, habilidade acadêmica, processamento da informação, visuoconstrução, praxias, funções motoras e funções executivas e personalidade.

(*) Psicóloga Clínica e Pedagoga (UFMT). Especialista em Terapia Cognitivo Comportamental e em Neurodesenvolvimento Infantil. Membro do Grupo de Educação Continuada PROPSICO em Psicologia Clínica e da Saúde/Artmed; Membro associado da Sociedade Brasileira de Psicologia, desde 2018. Atualmente dedica-se a avaliação e psicoterapia clínica.

A avaliação neuropsicológica é uma ferramenta bastante usada dentro dessa área. Ela desempenha um papel fundamental no diagnóstico e compreensão do transtorno do espectro autista – TEA, bem como no estabelecimento de medidas que favoreçam o bom desenvolvimento da criança em todos os aspectos de sua vida, garantindo-lhe assistência nas suas necessidades fundamentais conforme preconiza a Lei Berenice Piana (12.764/12) que instituiu a Política Nacional de Proteção dos Direitos da Pessoa com Transtorno do Espectro Autista. Esta lei determina "o direito dos autistas a um diagnóstico precoce, tratamento, terapias e medicamento pelo Sistema Único de Saúde; o acesso à educação e à proteção social; ao trabalho e a serviços que propiciem a igualdade de oportunidades".

A lei (12.764/12) também estipula que a pessoa com transtorno do espectro autista seja considerada pessoa com deficiência, para todos os efeitos legais, abrigando assim, as pessoas com TEA no Estatuto da Pessoa com Deficiência (13.146/15), e também nas normas internacionais assinadas pelo Brasil junto à Convenção das Nações Unidas sobre os Direitos das Pessoas com Deficiência (6.949/2009). Deste modo, a avaliação é de suma importância para obter um diagnóstico adequado e uma intervenção que favoreça as garantias de direitos e qualidade de vida da pessoa em tela.

CRITÉRIOS PSICODIAGNÓSTICOS

A avaliação neuropsicológica para o TEA é baseada nos parâmetros do Manual Diagnóstico e Estatístico de Transtornos Mentais (DSM-5). Esse documento foi criado pela Associação Americana de Psiquiatria (**APA**) para padronizar os critérios diagnósticos das desordens que afetam a mente e as emoções.

Segundo **DUNKER (2014)**, até o final da década de 1970, a psiquiatria não utilizava protocolos padronizados que servisse de parâmetros nas avaliações diagnósticas. Foi a partir do DSM-3 que se adotou os critérios da Medicina Baseada em Evidências (BEM). Dunker (2014) ressalta que a classificação de transtornos mentais facilitou muito o exercício dos profissionais de saúde mental, pois agora teriam uma padronização clínica. Essa padronização, ao longo dos anos, facilitou pesquisas científicas bem como o aperfeiçoamento das técnicas de investigação diagnóstica.

Muitas mudanças ocorreram desde a primeira versão do DSM, em 1952, até versão atual, o DSM-5. Nessa última, normatizou-se as características globais do TEA, deixando os critérios diagnósticos homogêneos, facilitando a identificação do autismo. Foi nesta última versão que houve a fusão do Transtorno Autista, do Transtorno de Asperger e do Transtorno Global do Desenvolvimento para o Transtorno do Espectro Autista. Antes os sintomas eram diagnosticados separadamente, o que causava, muitas vezes, incongruência diagnóstica. Hoje são analisadas dentro de um espectro único de prejuízos classificados com base no nível de suporte necessário. São eles: nível 1 (autismo leve), nível 2 (autismo moderado) e nível 3 (autismo severo).

Os critérios diagnósticos do TEA foram divididos em quatro grandes categorias:

A	C
Deficits persistentes em comunicação e interação social.	**Presença dos sintomas em idade precoce da vida em em contextos sociais.**
B	**D**
Padrões repetitivos e interesses restritos de comportamento e atividades.	**Conjunto de sintomas que limitam a funcionalidade acadêmica ou social da criança.**

(Fonte: Esquema feito com base no DSM-5, 2014)

A gestação e os três primeiros anos de vida são fundamentais para o que a criança será no futuro. É no ambiente familiar e escolar onde, geralmente, se percebe que há algo diferente no seu desenvolvimento integral: desenvolvimento psicomotor, cognitivo, afetivo, sensorial. Nesse sentido é possível perceber alguns sinais desde o 6º ao 24º mês de vida. Existem parâmetros que são importantes para identificação de déficits e sintomas, eles indicam a necessidade de encaminhamento para intervenção precoce.

Abaixo seguem alguns desses sinais de alerta que se encontram no manual de orientação sobre TEA publicado pelo Departamento Científico de Desenvolvimento e Comportamento da Sociedade Brasileira de Pediatria – SBP (2019):

AOS 6 MESES	Poucas expressões faciais, contato visual precário, ausência de sorriso social e pouco engajamento sociocomunicativo.
AOS 9 MESES	Não balbucia"mamã e papá"; não olha quando chamado; não olha para onde o adulto aponta; imitação pouca ou ausente.
AOS 12 MESES	Ausência de balbucios, não apresenta gestos convencionais (abanar a mão para dar tchau, por exemplo), não fala mamãe e/ou papai.
EM QUALQUER IDADE	Perda de habilidades.

A neuropsicologia dispõe de informações que são fundamentais na identificação das funções cognitivas afetadas, de modo a favorecer uma intervenção direcionada e muito mais efetiva. O processo avaliativo requer um conhecimento teórico e técnico sobre o mesmo, bem como uma atuação qualificada do psicólogo.

A avaliação começa com uma cuidadosa análise do histórico do paciente (anamnese) e observação de seu comportamento. Testes neuropsicológicos específicos são, então, administrados para avaliar funções cognitivas, linguísticas e sociais. Essa abordagem abrangente permite identificar padrões característicos associados ao espectro. Os testes incluem avaliação da linguagem, memória, atenção e funções executivas. Além disso, são realizadas observações do comportamento social e da interação com os outros.

A análise dos resultados fornece *insights* valiosos sobre o funcionamento neuropsicológico do indivíduo, ajudando no diagnóstico diferencial e na elaboração de estratégias personalizadas de intervenção. Esse processo é basilar na compreensão das complexidades do transtorno, fornecendo informações importantes para profissionais de saúde, educadores e familiares. Com base nos resultados, faz-se um mapeamento cognitivo do paciente para identificar padrões específicos das funções que se encontram preservadas ou prejudicadas. Uma abordagem individualizada e multidisciplinar, que integra a avaliação neuropsicológica, contribui significativamente para o desenvolvimento e bem-estar das pessoas com TEA.

Por isso, ao menor sinal de comportamentos atípicos nas crianças, sinais de atraso no desenvolvimento, como: atraso no desenvolvimento da linguagem, ausência de interesse social ou interações sociais incomuns (p. ex., puxar as pessoas pela mão sem nenhuma tentativa de olhar para elas), padrões incomuns de comunicação (p. ex., conhecer o alfabeto, mas não responder ao próprio nome), sugere-se enviar para avaliação.

Avaliar o desenvolvimento da criança de uma forma sistemática é primordial; significa investir e estimulá-la em seu progresso favorecendo cidadania, integrando-a numa vida social produtiva e feliz. Quanto mais precoce for identificado, mais cedo começa a intervenção, melhor será o prognóstico e melhor será a vida de quem estamos dispostos a auxiliar. Devemos lembrar que a participação da família na avaliação e, posteriormente, na intervenção, é crucial para se alcançar o objetivo proposto.

A avaliação neuropsicológica pode ser realizada a partir dos 3 anos de idade, todavia, os resultados são mais precisos quando realizados na fase adequada em se insere, na prática, a maioria das funções cognitivas, como por exemplo: a linguagem, a escrita e funções executivas. Segundo o Manual de Orientação para o TEA da Sociedade Brasileira de Pediatria (SBP), as crianças com idade menor do que dois anos especialmente naquelas menores de 18 meses, a utilização dos instrumentos de triagem deve-se fazer com bastante cautela, pois os sintomas de atrasos no desenvolvimento são inespecíficos e podem ser interpretados erroneamente.

Uma avaliação consistente dura, em média, de 8 a 12 sessões (contando com as entrevistas com os pais e/ou cuidadores), a depender do desempenho de cada um. Podendo ser realizada entre uma a duas vezes por semana, com duração de 50 minutos a 1 hora. Para finalizarmos este processo, é realizada uma devolutiva e a entrega do relatório descritivo da avaliação realizada.

PRINCIPAIS TESTES UTILIZADOS

Existe uma variedade de testes e escalas que são utilizados para diagnóstico do TEA. Alguns deles são de uso restrito dos profissionais da psicologia, devidamente capacitados e habilitados no seu respectivo conselho de classe. Porém, existem outros que são de uso livre para que outros profissionais da saúde e educação, além do psicólogo, possam utilizá-los.

É importante frisar que **nenhum teste é responsável por diagnosticar um transtorno**. O diagnóstico tem que ser estruturado em três pilares: coleta de dados, conhecimento psicológico/médico acerca do assunto e mediante raciocínio clínico, ou seja, uma avaliação completa – que integre entrevistas, observação e testes. Dificilmente você buscaria ajuda profissional de alguém que não fosse especialista naquela área, por exemplo.

A título de conhecimento sobre os principais testes e instrumentos utilizados nas avaliações neuropsicológicas para investigação do TEA, estão os citados no quadro abaixo. O objetivo dessa apresentação não é propagandear os mesmos com finalidade comercial, mas tão somente apresentar ao leitor alguns desses instrumentos que utilizamos para entregar um resultado diagnóstico fidedigno, ancorado num aporte teórico-científico consistente e validado pelos órgãos competentes.

ADOS-2 – ESCALA DE OBSERVAÇÃO PARA O DIAGNÓSTICO DO AUTISMO (NÃO-RESTRITO)

Público-alvo: Crianças de 12 meses a adultos.

Trata-se de uma avaliação padronizada e semiestruturada de comunicação, interação social e brincadeira ou uso imaginativo de materiais para indivíduos com suspeita de transtorno do espectro do autismo. A escala está estruturada em cinco módulos (T, 1, 2, 3 e 4), cada um voltado para pessoas com idade cronológica e nível de linguagem específicos. Cada um dos módulos é composto por um conjunto de atividades que proporcionam contextos padronizados onde o avaliador pode observar, ou não, a presença de determinados comportamentos sociais e comunicativos relevantes para o diagnóstico de TEA.

NEUPSILIN INFANTIL – INSTRUMENTO DE AVALIAÇÃO NEUROPSICOLÓGICA BREVE DE CRIANÇAS (RESTRITO A PSICÓLOGOS)

Público-alvo: Crianças de 6 a 12 anos.

Trata-se de um instrumento neuropsicológico breve que avalia componentes de oito funções neuropsicológicas, por meio de 26 subtestes: orientação, atenção, percepção visual, memórias (de trabalho, episódica, semântica), habilidades aritméticas, linguagem oral e escrita, habilidades visuoconstrutivas e funções executivas.

O NEUPSILIN-Inf permite aos profissionais dimensionarem não só a avaliação e o diagnóstico, mas também o prognóstico e o delineamento terapêutico.

NEPSY-II (RESTRITO A PSICÓLOGOS)

Público-alvo: Crianças de 3 a 16 anos.

O NEPSY-II é uma bateria neuropsicológica que avalia o **desenvolvimento neuropsicológico** de crianças de 3 a 16 anos. O teste fornece medidas de: sensório-motor, linguagem, processamento visuoespacial, memória e aprendizagem, atenção/funções executivas e percepção social.

É a bateria neuropsicológica de maior abrangência cognitiva e de faixa etária da infância e adolescência.

PROTEA-R (NÃO-RESTRITO)

Público-alvo:
Crianças de 24 a 60 meses (de 2 a 5 anos)

Instrumento interdisciplinar que sistematiza as entrevistas com os responsáveis e a observação clínica do desenvolvimento infantil, através de situações semiestruturadas de brincadeira, com o objetivo de rastreamento da presença de comportamentos inerentes à sintomatologia do Transtorno do Espectro Autista (TEA).

SRS-2 – Escala de Responsividade Social (NÃO-RESTRITO)
Público-alvo: A partir de 2 anos e meio, adolescentes e adultos. A SRS-2 é uma escala destinada a mensurar sintomas associados ao Transtorno do Espectro Autista (TEA), bem como a classificá-los em níveis leves, moderados ou severos. Sua avaliação se faz de forma global e específica, já que agrupa os sintomas em subcategorias (Escalas Compatíveis ao DSM-5 e Subescalas de Intervenção).
WISC-IV – Escala Wechsler de Inteligência para Crianças (RESTRITO A PSICÓLOGOS)
Público-alvo: Crianças de 6 a 16 anos. **Aplicação:** Individual. A Escala De Inteligência Wechsler Para Crianças – WISC-IV é um teste padrão ouro no desenvolvimento psicométrico e é composto por 15 subtestes, sendo 10 principais e 5 suplementares, e dispõe de quatro índices, a saber: índice de compreensão verbal, índice de organização perceptual, índice de memória operacional e índice de velocidade de processamento, além do QI total.

Existem muito mais testes no mercado além desses citados acima. A escolha do melhor teste e da melhor avaliação de autismo é uma questão pessoal do profissional, que pode ter maior afinidade e facilidade para a aplicação dos instrumentos disponíveis.

CONCLUSÃO

Há muito o que melhorar nas práticas de avaliação diagnóstica, pois os estudos sobre o TEA para melhoria de práticas terapêuticas estão em constante desenvolvimento. Em publicação recente na revista científica Nature Neuroscience (**BUCH et al. 2023**), pesquisadores da Weill Cornell Medicine, dos Estados Unidos, destacaram uma nova abordagem para descobrir subtipos de autismo que podem um dia levar a novas abordagens para diagnóstico e tratamento. Os cientistas acreditam que existem muitos tipos diferentes de TEA que podem exigir tratamentos diferentes, mas não há consenso sobre como defini-los no momento. Pontuam, ainda, que uma das barreiras para o desenvolvimento de terapias para o autismo é que os critérios diagnósticos são amplos, se aplicando a um grupo grande e fenotipicamente diversificado de pessoas com diferentes mecanismos biológicos subjacentes (**BUCH et al. 2023**).

O importante é saber que todo diagnóstico deve ser realizado com seriedade e com os rigores da ciência e profissão. É importante ressaltar que os testes, puro e simples, feitos isoladamente, não diagnosticam um transtorno e, muito menos, substituem o acompanhamento médico e outros profissionais, mas servem de complemento para auxiliar no diagnóstico, tratamento e intervenção precoce por uma equipe multidisciplinar.

Cada criança com TEA apresenta necessidades individualizadas, que estão de acordo com a sua funcionalidade, sua dinâmica familiar e a quantidade de recursos que a comunidade oferece e, portanto, necessita de uma avaliação terapêutica personalizada que permita o estabelecimento de um plano individualizado de intervenção. Deste modo, a avaliação neuropsicológica visa aumentar o potencial do desenvolvimento social e de comunicação da criança, proteger seu funcionamento intelectual reduzindo danos, melhorar sua qualidade de vida e dirigir competências para autonomia, além de diminuir as angústias da família e os gastos com terapias sem bases de evidência científicas, além de legitimar a garantia de direitos civis.

REFERÊNCIAS BIBLIOGRÁFICAS

AMERICAN PSYCHIATRIC ASSOCIATION (APA). *Manual diagnóstico e estatístico de transtornos mentais:* DSM-5. 5. ed. Porto Alegre: Artmed, 2014.

BRASIL. Decreto 6.949|2009: Convenção sobre os Direitos das Pessoas com Deficiência e seu Protocolo Facultativo. Brasília, 2009. Disponível em: https://www.planalto.gov.br/ccivil_03/_ato2007-2010/2009/decreto/d6949.htm. Acesso em: 29 mar. 2024.

BRASIL. Lei Federal 12.764|12: www.jusbrasil.com.br/topicos/26795891/lei-n-12764-de-27-de-dezembro-de-2012. Acesso em: 29 mar. 2024.

BRASIL. Lei Federal 13.146|15: Estatuto da Pessoa com Deficiência. Brasília, 2015. Disponível em: https://www.planalto.gov.br/ccivil_03/_ato2015-2018/2015/lei/l13146.htm. Acesso em: 29 mar. 2024.

BRASIL: MINISTÉRIO DA SAÚDE. Apurando o olhar para a vigilância do Desenvolvimento infantil.2019. Disponível em: https://www.youtube.com/watch?v=sFRodh3w8C8. Acesso em: 29 mar. 2024.

BUCH, Amanda M. et al. Molecular and network-level mechanisms explaining individual differences in autism spectrum disorder. *Nature neuroscience,* v. 26, n. 4, p. 650-663, 2023.

CONSELHO FEDERAL DE PSICOLOGIA – CFP. *Cartilha de Neuropsicologia:* Ciência e Profissão: 2023. Disponível em: https://site.cfp.org.br/wp-content/uploads/2022/11/cartilha_neuropsicologia_2023-1_logo-abep.pdf. Acesso em: 29 mar. 2024.

DUNKER, C.I.L. *Questões entre a psicanálise e o DSM.* J. Psicanal., São Paulo: 47(87): 79-107, 2014.

EL DIB, Regina Paolucci. Como praticar a medicina baseada em evidências. *Jornal Vascular Brasileiro:* 6(1): 1-4, 2007.

SOBRE O AUTOR DO TEXTO

VILDERLY VERAS MARTINS LOPES

villylopes

Aponte o seu celular para o QR Code e veja mais.

Autora de "A importância da Avaliação Neuropsicológica". Nasceu em Fortaleza (CE), em 1972. Criada pelos avós paternos de quem recebeu amor, proteção e incentivo para lutar e vencer os desafios em um contexto marcado por dores do abandono, desesperança e abusos sexuais. Cristã, casada há 30 anos, mãe de 3 filhas e avó de um neto. Reside no Mato Grosso desde 2002. Psicóloga Clínica (CRP-MT 18/05519) e Pedagoga formada pela Universidade Federal de Mato Grosso (UFMT), professora. Especialista em Terapia Cognitivo Comportamental e em Neurodesenvolvimento infantil. Membro do Grupo de Educação Continuada PROPSICO em Psicologia Clínica e da Saúde/Artmed; Membro associado da Sociedade Brasileira de Psicologia desde 2018. Coordenadora e coautora da coleção Família e Sociedade passo a passo (Vol. VI: Bullying e suas Consequências. Educação e Bullying: Deveres dos Professores e da Coordenação nas Normativas do MEC; e Vol. VII: Uma perspectiva multidisciplinar de transtornos, distúrbios e deficiências; e, Família e Sociedade passo a passo); Foi instrutora/ministrante dos Cursos de Extensão em Neurociências promovidos pelo Departamento de Psicologia da UFMT nas áreas de neuroanatomia, transtornos mentais e de ansiedade; e Neurociência em Ação: da Universidade ao Ensino Médio (2017/2019). Integrou o Grupo de Pesquisa de Psicologia e Pesquisa em Educação de Mato Grosso (GEPPEMAT/2018-2020). Atualmente dedica-se a avaliação e psicoterapia clínica. Atende crianças, adolescentes e adultos.

NEM TUDO É AUTISMO. ENTÃO, O QUE PODE SER?

Ellen Mourão Soares Lopes (*)

O Transtorno do Espectro Autista (TEA) é uma condição do neurodesenvolvimento, complexa e dinâmica, manifestada no início da infância e que está relacionada a fatores genéticos que interagem entre si e com o ambiente, gerando alterações em conectividades neurais e diversas manifestações fenotípicas[1].

A identificação do TEA é baseada na história do desenvolvimento da criança e nas observações do seu comportamento, que devem atender a critérios delineados no Manual Diagnóstico e Estatístico de Transtornos Mentais da Associação Psiquiátrica Americana – DSM-5[15]. Um diagnóstico preciso de TEA depende da presença de sintomas de duas categorias: comunicação social e comportamentos repetitivos restritos[2].

O processo desse diagnóstico, no entanto, é bastante complexo e árduo devido, em grande parte, às grandes variações nos tipos e na gravidade dos sintomas, às suas alterações com a idade e às condições semelhantes e que também podem ocorrer concomitantemente ao TEA.

O objetivo deste capítulo é identificar, comparar e discutir o diagnóstico de algumas dessas condições, como Transtorno de Déficit de Atenção e Hiperatividade, Transtorno do Desenvolvimento da Linguagem e Transtorno do Desenvolvimento Intelectual.

(*) Médica. Pediatra, neurologista (Fac. de Medicina-USP). Técnica nos serviços de Neurogenética, Neuromuscular, Neurologia Geral e Emergência (Hospital Infantil Albert Sabin, Fortaleza-CE).

TRANSTORNO DE DÉFICIT DE ATENÇÃO E HIPERATIVIDADE (TDAH)

O diagnóstico diferencial entre TEA e Transtorno de Déficit de Atenção e Hiperatividade (TDAH) é um desafio.

Com uma prevalência superior a 5%, o TDAH é um dos transtornos neuropsiquiátricos mais frequentes na infância e na adolescência. De acordo com o DSM-5, os sintomas definidores do TDAH são divididos em sintomas de desatenção e hiperatividade/impulsividade, distinguindo-se diferentes apresentações de TDAH: predominantemente desatento, predominantemente hiperativo/impulsivo e apresentação combinada[3].

No entanto, 37-85% das crianças com TEA exibem sintomas comórbidos de TDAH, enquanto sintomas e características semelhantes ao autismo são relatados em crianças com TDAH[2,4]. Essas dificuldades incluem cognição social, que é conjunto de processos cognitivos e emocionais, através dos quais interpretamos, analisamos, recordamos e utilizamos as informações sobre o mundo social, além de dificuldades no desenvolvimento da linguagem e de comunicação[2,5].

Nas duas condições, podem ser observadas, por exemplo, dificuldades no processamento facial, em organizar e direcionar o olhar e em reconhecer e regular expressões emocionais[6,7].

Tanto pessoas com TEA como com TDAH, podem apresentar contato visual atípico, com dificuldade em acompanhar as mudanças de olhar do parceiro de conversação e em usar essas mudanças para expressar suas próprias intenções comunicativas. Isso pode ser interpretado como um sinal de interesse reduzido de comunicação, podendo levar a um diagnóstico incorreto de TEA. Além disso, quando há atrasos de linguagem e alterações motoras associadas, pode haver aumento do risco de um viés diagnóstico de TEA sobre TDAH[2].

Por outro lado, um estudo sugeriu que os déficits de atenção em crianças com TEA, como "não ouvir" e "dificuldade em mudança de foco" pode ser inerente ao próprio TEA, em vez de à comorbidade com TDAH. Isto torna a distinção entre os dois distúrbios muito desafiadora[8,9].

Muitos testes neuropsicológicos foram usados para avaliar funções cognitivas superiores, como atenção e memória de trabalho em crianças com TEA e TDAH. No entanto, não foi possível distinguir o desempenho de crianças com TEA de inteligência normal e daquelas com TDAH, tanto os tipos desatentos quanto os combinados[10]. Além disso, avaliações neuropsicológicas das funções cerebrais executivas detectaram déficits que eram compartilhados por TEA e por TDAH[8].

A coocorrência de TDAH em crianças com TEA e déficits na cognição social e na linguagem em crianças com TDAH fazem o diagnóstico diferencial entre TEA combinado com TDAH e TDAH isolado um processo complexo. Mais estudos são necessários com foco nessa diferenciação[2].

TRANSTORNO DE DESENVOLVIMENTO DA LINGUAGEM (TDL)

De acordo com o DSM-5, os principais sintomas de crianças com Transtorno do Desenvolvimento da Linguagem (TDL) incluem deficiência na capacidade de expressar e/ou compreender a linguagem com dificuldade em pelo menos um dos domínios linguísticos (fonética, fonologia, sintaxe, semântica, pragmática e estilística), na presença de QI não verbal normal e nenhum outro déficit de desenvolvimento significativo[11].

No entanto, existem áreas em comum entre TEA e TDL que dificultam o diagnóstico diferencial. Cerca de 50-60% das crianças diagnosticadas com TEA apresentam comprometimento de linguagem[12], independente das habilidades comunicativas não verbais. Além disso, aproximadamente 50% dos que receberam diagnóstico tardio de TEA, receberam pela primeira vez um diagnóstico de distúrbio de linguagem, sugerindo que a presença de dificuldades de linguagem pode levar ao diagnóstico precoce de TEA[13].

Embora no TDL também possa haver atrasos nas relações interpessoais, a capacidade das crianças com TDL de participar de brincadeiras de faz de conta, de usar gestos para se comunicar e de responder à linguagem pode contribuir para a diferenciação com o TEA[14].

TRANSTORNO DO DESENVOLVIMENTO INTELECTUAL (TDI)

O Transtorno do Desenvolvimento Intelectual (TDI) é uma condição do neurodesenvolvimento que leva a uma limitação nas habilidades cognitivas, no funcionamento intelectual, no comportamento adaptativo e nas habilidades funcionais, em comparação com indivíduos da mesma idade, sexo e contexto sócio-cultural[15]. Essas limitações podem ser observadas em diversos domínios, como comunicação, cuidados pessoais, habilidades acadêmicas, entre outros.

O TDI afeta entre 1 e 3% dos indivíduos em todo o mundo, embora com algumas diferenças regionais. Pode ocorrer de forma isolada (TDI não sindrômica) ou associado a características dismórficas faciais, outras anomalias morfológicas e distúrbios multissistêmicos (TDI sindrômico) ou relacionado a condições neuropsiquiátricas/neurocomportamentais, como o TEA[16].

Atualmente, os critérios de diagnóstico de TDI incluem (I) déficits no funcionamento intelectual confirmados por avaliação clínica e testes de QI padrão; (II) déficits no funcionamento adaptativo que resultam no não cumprimento dos padrões de desenvolvimento e socioculturais de independência pessoal e responsabilidade social; e (III) aparecimento dos déficits durante o período de desenvolvimento. A sua gravidade é baseada no grau dos déficits de funcionamento nos domínios intelectual, social e prático, o que determina o nível de apoio necessário[15].

No TEA, por outro lado, a principal dificuldade está na comunicação, não no funcionamento intelectual. No entanto, estima-se que 4-40% dos indivíduos com TDI apresentam TEA concomitante, enquanto 50-70% dos indivíduos com TEA também são diagnosticados com TDI[17].

Exceto em atrasos severos, é difícil diferenciar TEA do TDI comórbido ao TEA em crianças com idade entre 2 e 3 anos ou menos, devido a dificuldade de cooperação em tarefas não-verbais, o que dificulta a avaliação das habilidades cognitivas[2].

Além disso, atrasos motores e de linguagem podem acompanhar crianças com TEA e com TDI isolado, tornando difícil distinguir se os atrasos no desenvolvimento fazem parte do TEA, do TDI ou de ambos. Em crianças de 4 a 6 anos com TEA, os atrasos de linguagem e motores podem ser menos graves, facilitando essa diferenciação[2].

É importante ressaltar que, desde última década, existe uma tendência de redução da incidência de diagnóstico de TDI e aumento do diagnóstico de TEA em seu lugar. Esse fenômeno de recategorização diagnóstica pode explicar, entre outros fatores, o grande aumento recente na prevalência do diagnóstico de TEA. É relatado, por exemplo, que a diminuição na prevalência de TDI foi de aproximadamente 64% do aumento da prevalência de autismo em crianças de 3 a 18 anos. Consequentemente, os indivíduos que foram diagnosticados com DI no passado são agora recategorizados como indivíduos com TEA2.

Um diagnóstico duplo tem implicações importantes para o prognóstico. Indivíduos com TDI e características autistas (TDI com TEA) tendem a ter mais dificuldades na independência funcional e nos comportamentos adaptativos em comparação com indivíduos com diagnóstico apenas de TDI[18].

CONCLUSÃO

O diagnóstico de TEA, por ser uma condição complexa e dinâmica, pode ser desafiador. Apesar de haver características semelhantes a outros transtornos, possibilidade de sobreposições diagnósticas, condições ambientais que podem mimetizar características de TEA, como distúrbios do sono e uso excessivo de telas, a intervenção precoce, logo quando são identificadas características autísticas, continua sendo urgente e fundamental para direcionar intervenções eficazes e oportunas para minimizar os sintomas, para aumentar a probabilidade de um crescimento adaptativo, pessoal e social bem-sucedido e, em última análise, para alcançar uma funcionalidade satisfatória na vida adulta.

REFERÊNCIAS BIBLIOGRÁFICAS

1. GESCHWIND, D. H. *Genetics of autism spectrum disorders*. Trends Cogn. Sci.: 2011.
2. YVETTE HUS; Osnat Segal. *Challenges Surrounding the Diagnosis of Autism in Children*. Neuropsychiatric Disease and Treatment, 2021.
3. Renate Drechsler et al. ADHD: Current Concepts and Treatments in Children and Adolescents. *Neuropediatrics:* 51(5): 315–335, 2020.
4. STAIKOVA, E.; GOMES, H.; Tartter, V.; MCCABE, A.; HALPERIN J.M. Pragmatic deficits and social impairment in children with ADHD.

J. *Child Psychol. Psychiatry:* 54(12):1275–1283, 2013. Doi:10.1111/jcpp.12082

5. ZABLOTSKY B.; BRAMLETT M. D.; BLUMBERG S. J. *The co-occurrence of autism spectrum disorder in children with ADHD.* J Atten Disord.: 24(1):94-103, 2020. Doi:10.1177/1087054717713638
6. GROOM, M. J.; KOCHHAR, P.; HAMILTON, A.; et al. *Atypical processing of gaze cues and faces explains comorbidity between Autism Spectrum Disorder (ASD) and Attention Deficit/Hyperactivity Disorder (ADHD).* J. Autism Dev. Disord.: 47:1496-1509, 2017. Doi:10.1007/s10803017-3078-4
7. TYE, C.; MERCURE, E.; ASHWOOD, K. L.; et al. *Neurophysiological responses to faces and gaze direction differentiate children with ASD, ADHD and ASD plus ADHD.* Dev. Cogn. Neurosci.: 5:71-85, 2013. Doi:10.1016/j.dcn.2013.01.001
8. KHOLOUD, A. I.; GHAMDI, I.; ALMUSAILHI, J. *Attention-deficit Hyperactivity Disorder and Autism Spectrum Disorder:* Towards Better Diagnosis and Management. Med Arch. 78(2): 159-163, 2024.
9. SANDSTROM, A.; PERROUD, N.; ALDA, M.; Uher, R.; PAVLOVA, B. *Prevalence of attention-deficit/hyperactivity disorder in people with mood disorders:* A systematic review and meta-analysis. Acta psychiatrica Scandinavica. 143(5): 380-391, 2021. Https://doi.org/10.1111/acps.13283
10. MAYES, S. D.; CALHOUN, S. L.; MAYES, R. D.; MOLITORIS, S. Autism and ADHD: *Overlapping and discriminating symptoms.* Research in Autism Spectrum Disorders. 6(1): 277-285, 2012.
11. GEORGIOU, N.; SPANOUDIS, G. *Developmental language disorder and autism:* commonalities and differences on Language. Brain Sci.: 589:1-29, 2021. Doi:10.3390/brainsci11050589
12. LEVY, S. E.; GIARELLI, E.; LEE, L. C.; et al. *Autism spectrum disorder and co-occurring developmental, psychiatric, and medical conditions among children in multiple populations of the United States.* J. Dev. Behav. Pediatr.: 31:267-275, 2010. Doi:10.1097/ DBP.0b013e3181d5d03b.
13. JO'NSDO'TTIR, S. L.; SAEMUNDSEN, E.; ANTONSDO'TTIR, I. S.; SIGURDARDO'TTIR, S.; O'LASON, D. *Children diagnosed with autism spectrum disorder before or after the age of 6 years.* Res Autism Spectr Disord.: 5:175-184, 2011.
14. PAUL, R.; CHAWARSKA, K.; VOLKMAR, F. *Differentiating ASD from DLD in toddlers.* Perspect Lang Learn Educ.: 15:101-111, 2008. Doi:10.1044/lle15.3.101.
15. American Psychiatric Association. Diagnostic and statistical manual of mental disorders. 5th ed. Arlington, 2013.

16. Nuno Maia; Maria João Nabais Sá; Manuel Melo Pires; Arjan P. M. De Brouwe; Paula Jorge. *Intellectual disability genomics:* current state, pitfalls and future challenges. BMC Genomics: 22:909, 2021.

17. ARTIGAS-PALLARÉS, J.; RIGAU-RATERA, E.; GARCÍA-NONELL, C. *The relation between borderline intellectual capacity and neurodevelopmental disorders [abstract].* Rev Neurol.: 44(12):739–744, 2007. PMID: 17583867.

18. DUNCAN, A. W.; BISHOP, S. L. *Understanding the gap between cognitive abilities and daily living skills in adolescents with autism spectrum disorders with average intelligence.* Autism. 19 (1):64-72, 2015. Doi:10.1177/1362361313510068

SOBRE O AUTOR DO TEXTO

ELLEN MOURÃO

ellenmourao.neuroped

Aponte o seu celular para o QR Code e veja mais.

Cearense, médica e pediatra. Tem formação como neurologista infantil pela residência médica da Faculdade de Medicina-USP, onde também aprofundou seus conhecimentos também em Neurogenética. Atualmente, é servidora pela Secretaria de Saúde do Estado do Ceará (SESA) no Hospital Infantil Albert Sabin, nos serviços de Neurogenética, Neuromuscular, Neurologia Geral e Emergência, atuando também como preceptora das residências médicas de neurologia, de pediatria e de genética médica.

EU TIVE O DIAGNÓSTICO TARDIO. E AGORA?

Nathalia Batista (*)

REVISITAR O PASSADO

Assim que tive o diagnóstico do Transtorno de Espectro Autista, experimentei uma avalanche de emoções, ao mesmo tempo em que minha cabeça trabalhava para compreender, o mais rápido possível, o que era o autismo e em quais momentos da minha vida ele se fez um transtorno. Tive diversos diagnósticos "errados" ao longo dos anos, problemas de socialização e comunicação, que me impediram muitas coisas, mas o maior prejuízo foi em não ter tido antes a possibilidade de entender o que acontecia comigo e com o meu corpo.

A visita ao passado foi inevitável. Desde a infância em que eu tinha seletividade alimentar severa e era impossível os meus familiares entenderem a situação. Em decorrência disso, eu lidava com castigos severos, devido ao fato de não comer nada com texturas viscosas, ou carnes cozidas, dentre outros alimentos. Desde a ser chamada de "fresca" a vida inteira, até ter apanhado para comer e o melhor dentre os castigos (em minha opinião), ficar sem comer, para como diziam, deixar que a fome me obrigasse a comer. O que para mim, dentre as possibilidades que me eram impostas, o melhor era ficar com fome a comer algo que me fazia ter de colocar tudo para fora e ficar debilitada o resto do dia.

(*) Autista. É bacharel em Direito, psicóloga e profissional do sistema de Segurança Pública. Reúne diversas especializações em seu currículo. É Major da Polícia Militar do Maranhão. Publicou os livros: Desencontros e desencantos (2015); Simplesmente Alice (2017) e Caminhos de pedra (2024).

O ambiente escolar também era um tormento. Sempre achei estranho as pessoas lembrarem com carinho desse período. Não havia nada de bom nesse ambiente a não ser o contato com uma amiga e a aprendizagem em si. Eu sempre tinha uma colega de turma que podia ser mais íntima e eu gostava de aprender conteúdos novos. Eu tinha um objetivo: passar no vestibular e conseguir um emprego. Mesmo quando tinha dez anos de idade, já tinha muito claro o que eu pretendia a curto e a longo prazo. Então, não me preocupava muito em socializar, pelo contrário, eu queria a todo custo não ser notada pelos demais. Houve um período em que quando eu precisava usar o banheiro na hora do intervalo (o que normalmente evitava), eu começava a mancar pois, meu pensamento na época, era que se eu mancasse, ninguém olharia para mim, o que obviamente acabava tendo um resultado diferente do que eu pretendia. Houve momentos de exposição, como ter concorrido a um concurso de beleza, o que me deixou completamente desconfortável e nunca mais tentei qualquer coisa parecida.

Até mesmo na Polícia Militar, onde já estou há mais de vinte anos, eu sempre sonho em entrar em um lugar e ninguém perceber a minha presença, o que raramente acontece. Hoje já tenho recursos para lidar com isso. Há muito tempo precisei criar um personagem – *masking* – onde sorrio e cumprimento as pessoas da maneira mais cordial possível, e realizo o que preciso realizar, seja assistir ou dar uma palestra, etc. No entanto, na infância e na adolescência isso era diferente. Normalmente quando eu falava com as pessoas na escola, se dava porque elas falavam e me cumprimentavam primeiro. As pessoas mais extrovertidas, vez por outra, me inseriam em alguma conversa. Eu tentava corresponder pois, sabia que era o esperado, mas no meu íntimo, a vontade era apenas ficar quieta em minha cadeira, estudando e lendo meus livros.

Acredito que uma dor profunda que é necessário compartilhar, e que permeou toda a minha existência, era o entendimento de não funcionar como as outras pessoas. Questionamentos como: por que para essas pessoas é tão fácil decidirem se encontrar de uma hora para outra, e comigo eu precisar me preparar, psicologicamente, dias antes? Como é tão fácil começarem a se relacionar amorosamente, se eu nem mesmo conseguia sustentar o olhar para alguém, mesmo que gostasse dessa pessoa? Por que alguns conseguiam parecer confortáveis na presença de vários outros e eu tinha que lutar contra a vontade de sair correndo toda vez que se reuniam pessoas próximas a mim? Esse senso de não pertencimento, de não me identificar, ou mesmo, de me sentir inábil para coisas óbvias, e até corriqueiras, mexia com a minha auto estima.

A questão com a socialização não era tão dolorosa para mim pois, eu tinha ao meu lado o meu hiperfoco: gostar de Literatura e de estudar. Se me deixassem, eu passava o tempo todo lendo. Houve momentos que em um único mês de férias, eu li vinte e dois livros de romances. Assim se repetia sempre que eu podia: nos intervalos da escola, quando estava em casa, no ônibus. As pessoas que me viam gostar de ler, sempre me emprestavam algum livro. Hoje percebo o quanto ser uma criança que"não dava trabalho"e era vista como estudiosa com alto rendimento nas notas, fez com que nunca observassem o sofrimento que existia ali.

Sempre tentei me adaptar ao meio, e hoje consigo isso bem mais facilmente do que no passado, mas quando se é adolescente, é tanto para se administrar que chega a beirar o insuportável fazê-lo sozinho, o que culminou em tentar tirar a minha própria vida. Era um dor dilacerante sempre precisar disfarçar quem eu era. Uma amiga, muito querida até hoje, foi quem me deu muito suporte emocional nesse momento. O meu período no Curso de Formação de Oficiais também não foi muito diferente. Considero os anos mais difíceis da minha vida. No primeiro ano do CFO, eu desmaiava constantemente. Tinha à época o diagnóstico de hipoglicemia, perdurando por mais de um ano, quando na verdade se tratava de uma crise de desligamento do autista devido ao excesso de estimulações do ambiente, conforme esclarecido atualmente pelo psiquiatra que me acompanha.

Algo que sempre me mobilizou muito foram os gritos quando estávamos em formação. Num ambiente nada favorável às mulheres, éramos apenas cinco dentre trinta homens, fora as outras turmas, mas o que mais me provocavam crises e irritação, eram as injustiças. Nenhum ser humano está alheio ou blindado às injustiças, mas isso sempre me mobilizou a ponto de eu não conseguir conter as crises. Eu possuo todas as estruturas de memória: curta, média e a longo prazo, entre médio superior e superior, o que me permite lembrar de detalhes que dificilmente se apagariam. No entanto, durante os três anos que estive no Curso, esqueci de diversos acontecimentos e eu sinto como se tivesse entrado em uma espécie de ausência de mim mesma, para conseguir concluí-lo.

Por vir de uma família onde a renda média era de um salário mínimo, provindos da minha mãe para sustentar a mim e ao meu irmão mais novo, não concebia em minha mente a opção de desistir. Até pensava nisso a longo prazo, quando pudesse fazer outro curso superior e prestar outros concursos, mas não naquele momento. Então, continuei. Acredito que a necessidade e a forma em que me atinha aos detalhes, me fizeram criar um personagem para lidar com as minhas funções. Um personagem mais autoritário, para que eu pudesse ter voz em um sistema completamente masculinizado, e que aos poucos fui trocando por um personagem mais técnico, conforme fui avançando pelos cursos de Direito e de Psicologia. Compreendi que autoridade pode ser alcançada de diversas formas, mas a única que me interessa hoje, é a de tentar ser a mais técnica e humana possível, sem demagogia. Como humana às vezes falho, mas sei o que tenho como objetivo.

O DIAGNÓSTICO E A AUTOACEITAÇÃO

Há uns sete anos aproximadamente, quando já era formada em Psicologia e já atuava clinicamente, fiz uma consulta com um psiquiatra, onde falei do quanto identificava em mim características da Síndrome de Aspenger, que agora fazia parte do Espectro. O profissional disse que não teria como eu ser autista, pois eu conseguia palestrar, dar aulas, ter um bom trabalho e era casada. Naquele momento confiei na avaliação do psiquiatra e não busquei mais um diagnóstico. Dessa vez ele veio até mim, através do meu psiquiatra que já me acompanhava há mais de dois anos. Ele observou que as crises giravam em torno de ter que lidar com muitas autoridades, ou com outras situações que requeriam muita socialização, e ainda, outras que eram resultados de sobrecarga sensorial. Ele insistiu para fazer uma investigação acerca da minha infância e adolescência, observando que, na verdade, a minha vida adulta era resultado de muita tentativa de adaptação. O primeiro profissional desconsiderou toda a possibilidade de aprendizagem do autista, já o atual, considerou o passado e a correlação com as crises. Ele me encaminhou para avaliação com um neuropsicólogo, onde realizei uma série de testagens especificas, resultando na confirmação do diagnóstico.

Não é fácil em um primeiro momento. Optei por tentar aprender mais sobre o que é o autismo e aos poucos fui encontrando perfis em redes sociais de neurodivergentes. Foi a primeira vez na vida que ouvi relatos de comportamentos e percepções parecidas com as que eu tive por uma vida inteira. Foi interessante ver que, a primeira vez que publiquei um story em uma rede social sobre o assunto, todas as pessoas que me conheciam desde a adolescência falaram que fazia todo o sentido, e todas as que me conheceram apenas na vida adulta, diziam que não era possível.

Já me questionaram se um diagnóstico como esse mudaria algo em minha vida, agora que sou adulta e tenho bastante funcionalidade em minhas profissões, de policial, psicóloga e escritora. Eu respondo sem qualquer dúvida: mudou absolutamente tudo. É como se só a partir de agora eu tivesse a oportunidade de mergulhar para dentro de mim e de fato me conhecer. Trabalho com o autoconhecimento de diversas pessoas e sei que são infinitamente maiores que um diagnóstico, mas ele auxilia, dá um norte, diz para onde podemos começar a olhar e direcionar a nossa energia.

HABILIDADES E APOIO PROFISSIONAL

Eu já faço acompanhamento psicológico há muitos anos, bem antes de ter o diagnóstico. Minha principal queixa e sofrimento sempre foi a inflexibilidade, e hoje sei que se trata dos problemas com os comportamentos repetitivos e restritivos. Para mim, quando algo sai fora do planejado, ou quando alguém muda aquilo que eu milimetricamente calculei para que o dia ou a missão transcorresse da melhor maneira possível, ou algo acontece, muitas vezes são gatilhos para as crises. Esse tem sido um dos desenvolvimentos que mais tive com o apoio da psicóloga, apesar de ainda ter crises, mas agora estarem bastante controladas.

O acompanhamento com o psiquiatra, com uso de medicações regulares e algumas que servem de S.O.S para momentos de crises continuadas, também tem sido fundamental. Minha qualidade de vida e minha funcionalidade melhoraram bastante com esse acompanhamento. A avaliação neuropsicológica também foi elucidativa e mostrou habilidades e deficiências a trabalhar mais no contexto psicoterápico. Hoje percebo claramente as minhas deficiências, na comunicação, na socialização e até mesmo na mudança da minha rotina, ou quando interrompem meus hiperfocos. Mas, não é nelas que eu deposito minha maior energia.

Eu ouvi essa analogia uma vez e hoje levo como filosofia de vida: imaginem que eu tenho apenas duas matérias em uma escola, matemática e português. Eu sou excelente em matemática, basta estudar um único dia e eu já tiro nove em uma prova que vale dez. Já em português eu sou péssima, caso eu estude apenas um dia, tiro no máximo cinco, o que não é o suficiente para passar de ano, é preciso estudar pelo menos três dias a matéria para conseguir atingir a média de sete. Faça a reflexão e responda: no que eu deveria me concentrar mais?

A maioria das pessoas respondem facilmente essa pergunta com: Português. Pois temos normalmente a inclinação para as nossas deficiências ou o que nos falta. Mas, pense comigo, se eu estudar português durante os três dias, o suficiente para que eu possa passar de ano, afinal não valerá muito ser boa em outras coisas, se eu não puder passar. E estudar os outros vinte e sete dias matemática, eu não serei apenas boa na matéria, serei a melhor com o tempo. Sem falar que a tendência é que eu me sinta muito mais motivada para continuar aprendendo matemática.

Esse exemplo é para mostrar no que eu me concentro e trabalho com os meus pacientes. Temos que melhorar as nossas deficiências, o suficiente para termos um desempenho esperado na sociedade, mas se o nosso maior foco estiver em nossas habilidades, conseguiremos ir mais longe do que pensávamos. Esse é o ponto que enxergo em diversos autistas: qualidades únicas, um potencial gigantesco para diversas áreas da sociedade, mas que nem sempre são estimulados a responder com o melhor de suas capacidades.

ADAPTAÇÕES E DIREITOS

Uma das melhores coisas que eu consegui com esse resultado, foi a capacidade de eu mesma favorecer as minhas adaptações. Antes, eu me angustiava em ambientes barulhentos, como academias, bares, etc. Até gosto de sair e ir para esses ambientes, mas em pouco tempo eu sentia uma angústia muito grande e precisava correr para casa, na tentativa de me autorregular, sempre sozinha e de preferência no escuro.

A partir do diagnóstico, comecei a me concentrar mais no que eu sentia nos ambientes, e mensurando como é minha hipersensibilidade sensorial e auditiva. Como por exemplo, na academia, percebi que se eu usar fones de ouvido que abafem parte dos ruídos, eu conseguia passar bem mais tempo e completar a minha série de treino. Quando o lugar está muito barulhento ou mesmo que eu esteja entre amigos, hoje consigo dizer abertamente que eu sou autista e preciso de um tempinho para me regular.

Ainda me deparo com situações constrangedoras e até engraçadas quando falo do diagnóstico. Hoje, eu ando normalmente com o colar de quebra cabeças e a identificação, conforme a lei federal autoriza. O que também favorece muitas pessoas a me questionarem sobre o assunto. Fiz a escolha de andar com o cordão principalmente para explicar para as pessoas o que ele significa; sempre que posso e vejo que as pessoas são abertas à aprendizagem, faço questão de explicar sobre o que é o autismo. O constrangimento só vem mesmo quando nos deparamos com a ignorância de alguns, mas não quero me concentrar nesses deslizes humanos. O importante, de verdade, é que quando falo sobre o assunto e isso favorece a inclusão, quando outros autistas reconhecem o colar e se aproximam, ou mães de crianças autistas que choram quando sabem do meu diagnóstico e o quanto eu consegui chegar a uma funcionalidade na vida adulta, isso me faz entender que essa escolha fez com que eu colaborasse com a esperança das pessoas, bem como me ajuda a encontrar outras que funcionam diferente, como eu, mas são extraordinárias em suas singularidades. Então, respondendo ao questionamento que fiz no titulo: eu tive o diagnóstico tardio e agora? Respondo sem sombra de dúvida, só agora, as peças começaram a se encaixar.

SOBRE O AUTOR DO TEXTO

NATHALIA BATISTA

nathaliabatistaescritora

Aponte o seu celular para o QR Code e veja mais.

É autista e contribui nessa obra com o capítulo: Eu tive o diagnóstico tardio e agora? É bacharel e profissional do sistema de Segurança Pública, bacharel em Direito e também psicóloga, reúne diversas especializações em seu currículo, declarando-se uma curiosa sobre as ciências do existir, dentre outras paixões. Trabalha hoje como Major da Polícia Militar do Maranhão. É natural de Teresina-PI, tem três livros publicados: Desencontros e desencantos (2015); Simplesmente Alice (2017) e Caminhos de pedra (2024).

A IMPORTÂNCIA DA TERAPIA OCUPACIONAL NA INTERVENÇÃO PRECOCE DO TEA

Teyla Bastos Andrade (*)

O diagnóstico e a intervenção precoce para bebês e crianças pequenas com autismo são amplamente recomendados para aproveitar a plasticidade cerebral e melhorar os resultados de desenvolvimento. O cérebro é uma estrutura passível de adaptação e de sofrer mudanças e transformações e, por isso, recebe o adjetivo"plástico", sendo mutável. Plasticidade cerebral indica reorganizações de funções e estruturas cerebrais, localizados, portanto, no maior órgão do sistema nervoso, o cérebro.

"O cérebro de um recém-nascido é como uma área geográfica bem cartografada, mas sem estradas, caminhos ou acessos. À medida que vão sendo armazenados tipos específicos de informação, a paisagem desenvolve características de uso humano – «caminhos», «armazéns» e coisas que são guardadas nos armazéns. (...) Numa muito jovem criança com autismo podem existir problemas nas construções quer dos caminhos, quer dos armazéns. Através de estimulação extra (...) podem ser construídos novos armazéns e caminhos (...)." (**SIEGEL 2008**)

Na espécie humana, o sistema nervoso é considerado bastante imaturo ao nascimento, já que os bebês são dependentes da mãe, no entanto, porém, o mesmo já possui capacidade inicial de aprendizado (**DOMINGUES 2007**). Portanto, desde o nascimento, o cérebro do bebê está ávido por estímulos que serão determinantes para a sua organização interna e formação de capacidades motoras e cognitivas.

(*) Terapeuta Ocupacional com foco no Espectro Autista. Embaixadora da **AMABrasil**. Mestre em Saúde Coletiva. Especialista em Psicomotricidade, ABA aplicada ao Transtorno do Espectro Autista, Dinâmica de Grupo e Formação em Integração Sensorial de Ayres.

O período de maiores mudanças no desenvolvimento cerebral, é na infância, quando a criança passa a ter novas experiências. Assim, "... depois de ocorridas essas mudanças plásticas, a arquitetura do cérebro geralmente se torna mais difícil de modificar no futuro, ou porque os axônios e as sinapses adicionais não estão mais disponíveis, ou porque as vias bioquímicas que modificam a força sináptica mudam com o passar do tempo" (**AAMONDT e WANG 2013**).

A intervenção precoce tem como objetivo reduzir ao máximo os efeitos dos fatores de risco, minimizar o que potencialmente viria a dificultar o desenvolvimento da criança, através de uma intervenção atempada, e principalmente antes de interferirem de uma forma significativa na vida da criança, e consequentemente, na da sua família.

A intervenção deve ser, segundo Cavaco (2009), "(...) a mais intensiva e precoce possível", visando reduzir os comportamentos inadaptados destas crianças, promovendo aprendizagens a nível da aquisição da linguagem e outras habilidades sociais como alguns autocuidados", caso contrário, quanto maior é o tempo sem a devida estimulação a que uma criança estiver sujeita, tanto maior é a tendência a desenvolver deficiências e a probabilidade de intensificá-las, dando origem a danos duradouros no processo evolutivo (decorrentes de fatores orgânicos ou ambientais) tanto de ordem física como psicológica. "A evolução que as crianças experimentam desde o nascimento, (incluindo a partir da concepção) até os primeiros anos de vida, não se pode comparar com nenhum outro estágio da vida." (**SHONKOFF & MEISELS 2000**).

O termo "intervenção precoce" é mencionado também no Plano Nacional dos Direitos da Pessoa com Deficiência (**BRASIL 2011**), sendo referido a intervir precocemente para identificação de deficiências através de exames, com enfoque na importância da triagem neonatal. Citado também na Lei Brasileira de Inclusão, (**BRASIL 2015**), sendo utilizado com relação ao direito que as pessoas com deficiência, de forma geral, possuem em receber a intervenção, com enfoque em ações de habilitação ou reabilitação (**VIDA 2020**).

A intervenção precoce se desenvolve com base numa relação de parceria com a família, com o objetivo de promover o desenvolvimento das crianças, em idades precoces, com deficiências ou incapacidade, atraso de desenvolvimento ou em risco grave de atraso de desenvolvimento, e de melhorar a sua qualidade de vida, assim como a das suas famílias (**TEGETHOF 2007**).

O papel do terapeuta ocupacional na atenção à infância é promover o intercâmbio de informações, comunicação entre pais e terapeutas, abordagens para o cuidado da criança e da família, apoio às necessidades sociais e emocionais, percepção dos papéis dos terapeutas e compreensão dos sistemas de prestação de serviços para melhorar a coordenação do cuidado, para alcançar resultados de desempenho ocupacional com crianças e pais em contextos naturais (**ULLA-MAIJA & MARINELA 2012; DELLA BARBA 2018**).

"Intervir precocemente é estar atento a múltiplos fatores que potencialmente podem gerar alterações no desenvolvimento, é prestar atenção aos sinais de alerta, às angústias e apelos trazidos pelos pais, educadores e outros técnicos de forma a minorar e colmatar as situações quotidianas (...). Deve-se intervir o mais cedo possível de forma a otimizar o potencial evolutivo da criança a fim de favorecer o seu desenvolvimento global tendo em conta que os padrões iniciais de aprendizagem e comportamento determinantes do processo de desenvolvimento se estabelecem nos primeiros anos de vida." (**CORREIA, ÁLVARES & ABEL 2003**).

A atuação do terapeuta ocupacional na reabilitação de pessoas autistas ocorre a partir de intervenções, com o intuito de aprimorar o desempenho ocupacional em todas as áreas de vida, com o enfoque na demanda principal do paciente. Voltado para os aspectos cognitivos e sensoriais de pessoas autistas, compreende a reorganização e o estabelecimento de novas conexões sinápticas e a formação de grandes redes neurais, facilitando o processo de desenvolvimento.

As estratégias adaptativas utilizadas na reabilitação atualmente são, atividades lúdicas e treino de habilidades sociais, intervenções comportamentais intensivas, intervenções voltadas para o processamento sensorial juntamente com estratégias de enfoque na comunicação e intervenções com o objetivo de promover o desempenho ocupacional e funcional da criança, tendo uma eficácia significativa quando se trata de aspectos do processamento sensorial e a qualificação do desempenho funcional.

Um dos maiores problemas enfrentados no tratamento do transtorno do espectro autista (TEA) é o seu início muito tardio, seja pela falta de conhecimento ainda de alguns profissionais na triagem precoce do transtorno ou pela demora ao acesso do profissional que lauda, o neuropediatra ou psiquiatra infantil, pois, depois de muitos anos, os sintomas se tornam mais agravantes e o tratamento é mais difícil. Portanto, quanto mais cedo o diagnóstico for feito e as intervenções começarem, melhores serão os resultados, logo, "A intervenção deve ser iniciada precocemente, assim que se identifique na criança o risco de autismo, em vez de a diferir para o momento de um eventual diagnóstico definitivo" (**OZONOFF, ROGERS & HENDREN 2003**). Mas, o que nos mostram os estudos científicos é que a consulta com um especialista do desenvolvimento só ocorre por volta dos quatro anos e que na maioria das vezes o diagnóstico é feito apenas aos cinco anos de idade (**CORREIA 2011**). O que, na maioria dos casos, faz toda a diferença, tal como refere **CAMARGOS JUNIOR (2020)**: "O que eu e a minha equipe temos presenciado é a incomparável velocidade na melhora clínica de crianças abaixo de quatro anos quando comparamos com aqueles que iniciam os tratamentos aos seis anos".

Continuando nesta linha de pensamento, nos meus atendimentos chegam crianças mais velhas, com cristalizações inconvenientes de estruturas psico-orgânicas, e que são expressas comportamentalmente rígidas ou camufladas, através de desadaptações acentuadas, com déficit cognitivo e cada vez menos, apreciam qualquer atividade que requeira o uso de uma função deficitária, "(...) treinar uma nova competência é mais fácil do que anular uma velha competência, e depois treinar a nova que a irá substituir." (**SIEGEL 2008**).

Em contrapartida, na minha experiência com crianças em tenra idade, percebo a evolução, no seu prognóstico, mais rápida. A realização de atividades lúdicas com crianças com TEA, podem trazer uma autonomia, gerando criatividade, favorecendo a criação de estratégias para atividades de vida diária (AVD's) e desempenho ocupacional da atividade instrumental da vida diária (AIVD's). Algumas intervenções em dupla com atividades lúdicas, eu realizo na minha prática, o que beneficiaram as crianças na aquisição de habilidades sociais e diminuição de déficits pessoais, além de ter possibilitado a construção de amizades entre as mesmas, sendo um avanço muito importante para uma nova rotina ocupacional.

Crianças com TEA também apresentam dificuldades na recepção, modulação, integração e organização dos sentidos – Integração

Sensorial (IS). O conceito IS começou a ser desenvolvido pela Terapeuta Ocupacional, Psicóloga Educacional e Neurocientista, Jean Ayres, nos anos 60 do século XX, que definiu como um processo neurológico que organiza a sensação do próprio corpo e do ambiente, e possibilita a experiência efetiva do corpo no ambiente (**BUNDY & LANE 2019**). Pressupostos de Ayres postulam que a Integração Sensorial é a base para a aprendizagem, o que irá interferir diretamente na habilidade da criança de interagir com pessoas, objetos e ambiente, resultando em dificuldades no desenvolvimento de atividades lúdicas e no desempenho ocupacional, ocasionando diminuição da capacidade de planejar e executar atividades motoras e cognitivas e má organização do comportamento.

Recentemente, a quinta edição do Manual Diagnóstico e Estatístico de Transtornos Mentais (DSM-5) incluiu as disfunções sensoriais nos critérios de diagnóstico para o TEA (**APA 2013**). Essa inclusão reflete uma compreensão mais abrangente das experiências sensoriais das pessoas com TEA, reconhecendo que muitos indivíduos no espectro têm respostas sensoriais atípicas que podem impactar significativamente suas vidas diárias.

Baseando-me nesta abordagem, utilizo técnicas de habitualização e sensibilização, enriquecidas com avanços científicos sobre o processamento e o estado de alerta, com o intuito de promover resultados muito positivos, reduzindo comportamentos estimulantes, inibitórios ou autolesivos. Levando em conta que a família junto com o terapeuta, terapia centrada na família (TCF), auxilia no tratamento dando continuidade a esses estímulos, gerando habilidades em outros contextos, fora do espaço terapêutico.

CONCLUSÃO

A terapia ocupacional desempenha um papel crucial na intervenção precoce de crianças autistas, ao focar na integração do processamento sensorial; habilidades sensório-motoras; engajamento e participação nas AVD's; desenvolvimento cognitivo e comportamental, com o intuito de aprimorar o desempenho ocupacional em todas as áreas de vida, com o enfoque na demanda principal da criança, além de apoiar as famílias (TCF) e adaptar os ambientes.

REFERÊNCIAS BIBLIOGRÁFICAS

AMERICAN PSYCHIATRIC ASSOCIATION. Diagnostic and statistical manual of mental disorders. 5. ed. *American Psychiatric Publishing*, 2013.

AAMONDT, S.; WANG, S. *Bem vindo ao cérebro de seu filho.* São Paulo: Cutrix, 2013.

BRASIL. Decreto nº 7.612, de 17 de novembro de 2011. *Institui o Plano Nacional dos Direitos da Pessoa com Deficiência – Plano Viver sem Limite.* Diário Oficial da União, Brasília, DF, 18 nov. 2011. Disponível em:http://www.planalto.gov.br/ccivil_03/_ato2011-2014/2011/decreto/d7612.htm. Acesso em: 29 fev. 2024.

BRASIL. Lei nº 13.146, de 6 de julho de 2015. *Institui a Lei Brasileira de Inclusão da Pessoa com Deficiência (Estatuto da Pessoa com Deficiência).* Diário Oficial da União, Brasília, DF, 7 jul. 2015. Disponível em:http://www.planalto.gov.br/ccivil_03/_ato2015-2018/2015/lei/l13146.htm. Acesso em: 29 fev. 2024.

BUNDY, A. C; LANE, S. J. *Sensory Integration:* Theory and Practice. Davis: Philadelphia, 2019.

CAVACO, N. *O profissional de educação especial – uma abordagem sobre o autismo.* Lisboa: Editorial Nov., 2009.

CORREIA, D.; ÁLVARES, J.; ABEL, M. Uma abordagem em Intervenção Precoce centrada na família. *Cadernos de Educação de Infância,* nº 67, p. 25-36, 2003.

CORREIA, N. *A Importância da Intervenção Precoce para as crianças com autismo na Perspectiva dos Educadores e Professores de Educação Especial.* Lisboa, 2011.

DELLA BARBA, P.C.S. Intervenção precoce no Brasil e a prática dos terapeutas ocupacionais. *Rev. Terapia Ocupacional.* Rio de Janeiro: 2(4): 848-861, 2018.

DEL TORO A. V.; SÁNCHEZ M. E. Introdução do modelo centrado na família na Espanha desde uma perspectiva de qualidade de vida familiar. *Rev. Edu.Inclusiva,* 13(2): 1-13, 2020. Disponível em: https://revistaeducacioninclusiva.es/index.php/REI/article/view/525/566. Acesso em: 24 jul. 2024

DOMINGUES, M.A. *Desenvolvimento em aprendizagem. O que o cérebro tem a ver com isso?* Canoas: Editora da ULBRA, 2007.

CAMARGOS JUNIOR, W. É possível identificar o autismo infantil antes dos 2 anos de idade. *Revista Autismo,* São Paulo, 2020.

OZONOFF S.; ROGERS S. J.; HENDREN R. L. *Perturbações do Espectro do Autismo:* Perspectivas da investigação atual. 1. ed. Climepsi Editores, 2003.

SHONKOFF, J. P.; MEISELS S. J. *Handbook of early childhood intervention*. Cambridge: Cambridge University Press, 2000.

SIEGEL B. *O mundo da criança com autismo:* compreender e tratar perturbações do espectro do autismo. Porto: Porto Editora, 2008.

TEGETHOF, M. *Estudos sobre a intervenção Precoce em Portugal:* ideias dos especialistas, dos profissionais e das famílias. Tese de doutoramento apresentada à Faculdade de Psicologia e de Ciências de Educação da Universidade do Porto. Porto, 2007.

ULLA-MAIJA, S.; MARINELA R. *Family centered occupational therapy: is it really applied?* Gymnasium Sci. J. Educ. Sports, and Healthv.: 13(1):269-274, 2012.

VIDA, A. *A importância da intervenção precoce para crianças com deficiência.* Rev. Incl. Social: 10(2): 45-58, 2020.

SOBRE O AUTOR DO TEXTO

TEYLA BASTOS LEITE ANDRADE

teylabla

Aponte o seu celular para o QR Code e veja mais.

Terapeuta Ocupacional com foco no Espectro Autista há quase 30 anos. Servidora pública nos municípios de Maracanaú e Itapajé (CE), admitida através de concurso público para o cargo de terapeuta ocupacional. Embaixadora da AMABrasil. Mestre em Saúde Coletiva. Especialista em Psicomotricidade. Especialista em ABA aplicada ao Transtorno do Espectro Autista. Especialista em Dinâmica de Grupo. Formação em Integração Sensorial de Ayres. Coautora da obra intitulada Família e Sociedade, capítulo Terapia Ocupacional no atendimento do Transtorno do Espectro Autista-TEA. Coautora da obra intitulada Sobre Perdas, Cap.: A perda de um membro corporal e o processo do luto.

A FONOAUDIOLOGIA NO AUTISMO

"Empatia e Escuta: Ferramentas para Romper Barreiras da Comunicação no Autismo"

RAQUEL LOBO (*)

Imagine você tentar dizer que não deseja comer a sopa que te ofereceram, que não suporta vestir a blusa de linho que colocaram em você ou não conseguir pedir o brinquedo tão desejado na prateleira... O enorme sentimento de frustração que sentiria! São alguns exemplos do que as pessoas autistas sentem todos os dias. A comunicação é algo essencial em nossas vidas, e a Fonoaudiologia é a ciência capaz de intervir nessa importante habilidade, transformando vidas! Sou fonoaudióloga há 22 anos, tenho em meu histórico profissional vários cursos na área do autismo e trabalho com essa clientela desde que me formei, mas sem dúvidas, ser mãe de uma criança com TEA é a experiência mais completa, desafiadora e empática que ganhei para o meu currículo!

A paixão pelo trabalho com autismo veio em 2002, na primeira clínica na qual eu trabalhei, quando me deparei com a necessidade de avaliar, e posteriormente intervir, com uma criança de 4 anos, o P. H., autista, com repertório bem limitado de palavras em sua comunicação. Lembro-me bem do misto de sensações que permearam minha mente e coração, senti medo e ansiedade, pois esse universo do TEA ainda era desconhecido para mim, além do fato de ter me formado naquele mesmo mês em que o conheci; ao mesmo tempo, sempre desejei trabalhar com crianças e, desde a graduação, me interessava por desafios, principalmente, da área de linguagem.

(*) Fonoaudióloga (UNIFOR), com especialização em Linguagem, agraciada com o prêmio Yolanda Queiroz, por seu excelente desempenho acadêmico. Idealizou o CEATD (Centro Especializado em Autismo e Outros Transtornos do Desenvolvimento), uma clínica multiprofissional que atende mais de 1.200 crianças e adolescentes autistas.

De acordo com a quinta edição do Manual Diagnóstico e Estatístico de Transtornos Mentais (DSM-5), os critérios para o diagnóstico de transtorno do espectro do autismo (TEA) incluem presença de déficits persistentes de comunicação social e interação social em diferentes contextos, bem como padrões de comportamentos, interesses ou atividades restritos e repetitivos. Comunicar socialmente significa a capacidade de usar o repertório de comunicação que possuímos, como a fala, escrita, gestos e expressões faciais, por exemplo, para fins sociais. Isso explica o comprometimento comunicativo que praticamente todos os indivíduos com TEA possuem, mesmo os que apresentam nível 1 de suporte, pois a dificuldade de interação social está relacionada com a comunicação, especialmente em termos qualitativos; ou seja, eu posso até falar, mas não necessariamente comunicar, como nos casos em que a criança é capaz de dizer a palavra "água", mas quando precisa pedir a água para o interlocutor, não consegue. Esse era o cenário que encontrei lá em 2002 quando atendi o P.H., ele produzia em torno de 15 palavras, mas nenhuma delas com função de comunicação; para que essas palavras serviriam no seu cotidiano, se ele não conseguia fazer um simples pedido? Esse é o grande trabalho do fonoaudiólogo no TEA, transformar palavras, gestos, imagens e expressões, em comunicação útil e funcional. Alguns indivíduos com TEA, especialmente aqueles com maior nível de suporte, necessitarão de ferramentas de comunicação alternativa, com o uso de instrumentos de baixa ou alta tecnologia, em detrimento da fala, para que consigam comunicar seus desejos ou protestos. A falta ou falha nessa habilidade, trará comprometimentos comportamentais, sociais, cognitivos ou emocionais, repercutindo na capacidade de relacionamento social. Sabemos que algumas crianças com TEA não desenvolvem nenhuma linguagem verbal funcional ou permanecem minimamente verbais; dessa forma, o uso da comunicação alternativa minimiza a frustração e os comportamentos desafiadores no TEA. Em particular, o PECS representa um meio eficaz de viabilizar a comunicação funcional para indivíduos que têm pouca ou nenhuma fala.

Ali, com o P.H., começava minha incrível jornada no autismo! Atendi-o dos 4 aos 16 anos, e nesse caminho, me tornei parte da família. Sim, terapeutas fazem parte da história não só dos clientes que atendem, mas de suas famílias, aqueles que sofrem, vibram e caminham de mãos dadas com a equipe. P.H. saiu de um repertório de 15 palavras sem fins comunicativos, para um diálogo rico, com vocabulário rebuscado. Em seus primeiros anos de intervenção, P.H. fora estimulado em todas as áreas linguísticas; na produção dos sons da fala, na ampliação do vocabulário expressivo e receptivo, na elaboração frasal, e no nível pragmático. No TEA há um comprometimento significativo no grau pragmático (social) e nos fatores paralinguísticos (tom e volume vocal, modulação da voz e entonação, ritmo, respiração, pausas, hesitações, dentre outros), que pode ser encontrado precocemente devido à ausência de contato visual, jogos vocais e gestuais, e balbucios. As verbalizações, quando presentes, apresentam padrões atípicos de prosódia; há dificuldades em iniciar e manter diálogos, em decodificar palavras e frases usadas pelo interlocutor, em estudar formas especiais de linguagem explícitas ou implícitas, em adaptar mensagens para o ambiente ou para o ouvinte. Alterações linguísticas são frequentemente encontradas como: a inversão pronominal e as ecolalias.

Com os objetivos bem traçados e executando as estratégias dentro dos focos de interesse do P.H., as habilidades foram sendo estimuladas e desenvolvidas até que ele chegou na adolescência e as demandas terapêuticas mudaram. E vocês podem perguntar: o que se trabalhava com ele na adolescência? Nessa fase, P.H. possuía vasto vocabulário expressivo e receptivo, porém, ainda apresentava falhas no uso social desse repertório; com isso, o trabalho desenvolvido era fora do consultório, íamos ao *shopping*, supermercado, livrarias, papelarias e praças, em dupla com seus pares cronológicos, justamente para que ele aprendesse na prática a pedir os itens da lista do lanche noturno de sua casa. As dificuldades eram as mais variadas como: usava baixa intensidade vocal na hora de solicitar ao funcionário do supermercado a quantidade de queijo do sanduíche, limitava-se a conversar sobre os assuntos de seu interesse na hora do lanche com o colega de passeio, ou falava de algo triste com expressão facial incompatível. Consideramos essa etapa de trabalho a mais rebuscada, pois as dificuldades estão nas entrelinhas, porém, há uma repercussão relevante no cotidiano das pessoas que as possuem.

Durante a experiência integral e bem-sucedida com o P.H., comecei a estudar cada vez mais o TEA, fiz cursos, me especializei em linguagem, trabalhei de forma interdisciplinar em várias instituições públicas e privadas, até que conheci diferentes profissionais da área, e entendi que a atenção integral ao cliente com autismo só é possível com a equipe multiprofissional; e assim, em formato de parceria e sociedade, idealizamos o CEATD – Centro Especializado em Autismo e outros Transtornos do Desenvolvimento, clínica que hoje acolhe mais de 950 famílias, com tratamento completo e integral para crianças e adolescentes com TEA. Na estrutura física, enfatizamos salas com materiais lúdicos e educativos, além de equipamentos para estimulação sensorial; contamos com conexões entre as salas terapêuticas, favorecendo assim, a integração dos mais diversos profissionais e suas expertises. No CEATD, acreditamos que é necessário possuir a equipe completa (fonoaudiólogos, terapeutas ocupacionais, fisioterapeutas, psicólogos, psicomotricistas, educadores físicos, psicopedagogos, nutricionistas, dentre outros), para que o trabalho seja integrado e otimizado.

Como citei anteriormente, minha maior experiência no autismo, tem sido a maternidade atípica; sempre fui empática na relação com as famílias que atendo, mas ser mãe de uma criança com TEA, me trouxe o diferencial de viver integralmente o que escuto no consultório, e agir de forma assertiva. O delineamento de condutas terapêuticas de linguagem deve considerar a participação e o engajamento da família. É importante que os pais possam detectar as manifestações atípicas no desenvolvimento e criar contextos comunicativos em que a criança tenha participação efetiva.

Meu filho, hoje com 7 anos, é diagnosticado com nível 1 de suporte; ele não possui dificuldades na expressão da fala, mas como o autismo impacta no uso social da comunicação, estão presentes as limitações no contato visual durante o diálogo, na conversação de temas diversos (em geral, ele fala sobre assuntos do seu interesse), e na forma literal como interpreta o discurso do outro. Na perspectiva do trabalho interdisciplinar, o meu filho realiza as terapias que necessita no CEATD, sob o acompanhamento do seu médico neuropediatra. Na TCC – Terapia Cognitivo-Comportamental, que é uma abordagem estruturada, realizada por uma psicóloga, objetiva-se uma reestruturação cognitiva sobre suas emoções e comportamentos, o que repercute diretamente em nosso cotidiano com ele, fazendo com que ele seja capaz de refletir sobre suas condutas diante das frustrações e situações conflitantes; na nutrição, é feito o trabalho de aproximação com os alimentos os quais demonstra seletividade alimentar, além de o desafiar a experimentar o novo, pois tende a recusar o que não conhece, especialmente pela rigidez cognitiva; na terapia ocupacional, ele é estimulado e desenvolvido dentro da perspectiva da abordagem da Integração Sensorial e do treino das atividades de vida diária; na psicopedagogia, são reforçados os aspectos da aprendizagem, leitura e escrita; e por fim, na fonoaudiologia, trabalham-se as questões refinadas de comunicação social, em dupla com um par cronológico. E com a ajuda desse time, trabalhando nas suas dificuldades, considerando a sua individualidade, temos avanços diários e importantes para que ele tenha uma vida mais leve.

Sempre lidei com a temática do autismo de maneira suave, pois minhas primeiras experiências profissionais já foram com crianças autistas. Além disso, comecei a identificar em mim características inerentes ao TEA, como a presença de rituais, alterações sensoriais, hiperfoco, certa rigidez cognitiva, compreensão literal de alguns discursos, e limitações sociais. Com o diagnóstico do meu filho, tive a convicção de que possuo a genética dessa condição. Acredito até que, o fato de possuir essas características, me ajudou a acessar e compreender meus pequenos clientes dentro da fonoaudiologia. A forma como organizo os recursos terapêuticos, trazendo previsibilidade e organização; como abordo sensorialmente meu cliente autista, respeitando os seus limites sensoriais; e a maneira como me comunico, clara e objetivamente, foram essenciais para o sucesso da prática clínica dentro da minha área.

Alguns podem até questionar a presença dos sinais do TEA em mim, e é compreensível, pois lidero mais de 100 colaboradores, tenho que me relacionar diariamente com clientes e famílias, além de falar em público constantemente; mas sabe-se que o autismo em mulheres adultas ainda é subdiagnosticado. Historicamente o autismo é retratado como sendo um transtorno masculino, especialmente porque as mulheres são mais suscetíveis ao "*masking*", termo usado para descrever o ato de mascarar os seus sintomas e adaptar-se às situações sociais e consequentemente, atrasar seu diagnóstico. Embora não seja exclusivamente observável em mulheres autistas, o *masking* aparenta ser mais comum entre elas (**BECK et al. 2020**). Em função do mascaramento social realizado por mulheres autistas, muitas vezes, a suspeita do TEA por ela e por quem a rodeia, só chega com o diagnóstico do filho.

Como pessoa, sigo desenvolvendo minhas habilidades e trabalhando meus desafios, especialmente para compreender cada vez mais as necessidades do meu filho, dos meus clientes, e das suas famílias; lembrando sempre que a empatia e a escuta são as principais ferramentas para romper as barreiras da comunicação no autismo. Como profissional, acredito que ser fonoaudióloga é aprender a ouvir com o coração, é estar atenta às sutilezas de expressão do nosso cliente; e somente assim, conectar-se verdadeiramente com ele.

REFERÊNCIAS BIBLIOGRÁFICAS

AMERICAN PSYCHIATRIC ASSOCIATION. Diagnostic and statistical manual of mental disorders. 5th ed. Arlington, VA: American Psychiatric Publishing; 2013.

BECK, J. S., LUNDWALL, R. A., GABRIELSEN, T., COX, J. C., & SOUTH, M. Looking good but feeling bad: "Camouflaging" behaviors and mental health in women with autistic traits. Autism: 24(4), 809-821, 2020.

PRESTON D. & CARTER M. A. Review of the efficacy of the picture exchange communication system intervention. J. Autism Dev. Disord.: 39:1471-1486, 2009. Disponível em: https://pubmed.ncbi.nlm.nih.gov/19495952/ Acesso em: 24.03.2024.

TAMANAHA, A.C., PERISSINOTO J., CHIARI B.M. Development of autistic children based on maternal responses to the autism behavior checklist. Pro Fono R. Atual Cient. 20(3):165-170, 2008.

SOBRE O AUTOR DO TEXTO

RAQUEL LOBO

raquellobofono

Aponte o seu celular para o QR Code e veja mais.

Nascida no Rio de Janeiro em 1980, é filha de um arquiteto e de uma professora. Fonoaudióloga e mãe de uma criança com autismo, sempre lutou pelos direitos das pessoas com deficiência. Ao concluir a graduação, foi agraciada com o prêmio Yolanda Queiroz devido ao excelente desempenho acadêmico, o que lhe garantiu uma bolsa integral para cursar sua especialização em linguagem. Idealizou o CEATD (Centro Especializado em Autismo e Outros Transtornos do Desenvolvimento), uma clínica multiprofissional que atende mais de 1.200 crianças e adolescentes autistas. Com garra, coragem e dedicação, ela tem expandido os serviços multiprofissionais do CEATD, formando profissionais na área do Transtorno do Espectro Autista (TEA) e oferecendo oportunidades de atendimento para todos que precisam. Com um forte senso de responsabilidade social, Raquel mantém um projeto em sua clínica voltado ao atendimento de crianças carentes com autismo.

VIVENCIANDO O AUTISMO

Virginia Castro (*)

O ano era 2016, uma mãe, que aqui chamarei de Sônia, entra em meu consultório, com o filho de três anos, que trataremos por Augusto. Aflita, com o filho assustado e agarrado em suas pernas ela joga a seguinte "bomba":

–"Olha, eu já levei meu filho a três dentistas, já tentei de tudo e ele sequer abre a boca para um exame! Eu sei que você é dentista de criança e tem um filho autista, assim como o meu! Você tem que saber fazer alguma coisa de diferente!"

Naquele exato momento, a única coisa que eu realmente sabia era que não deixaria aquela mãe sair sem algum tipo de esperança de que sua criança era capaz. Porém, o roteiro para que aquele atendimento acontecesse, eu simplesmente não sabia sequer por onde começar.

Eu não fazia a menor ideia de que estava sendo preparada para aquele dia, desde o ano de 2010, quando ainda era uma jovem mãe de 32 anos, grávida do terceiro filho, planejado e idealizado para ser a menina que tanto ansiava. Depois de dois meninos, eu finalmente poderia "fechar a fábrica" do jeitinho que sonhara.

Ao ficar sabendo que seria mais um menino, como prêmio de consolação pela menina que não viria, logo pensei: "Ah, pelo menos já sei todo o caminho de criar menino. Afinal, o que um terceiro filho poderia me ensinar?".

(*) Graduada em Odontologia (UFC, 1999). Especialização em Odontopediatra (2002). Larga experiência no atendimento humanizado focado na criança e adolescente atípico.

Foi exatamente essa pergunta, feita sem pretensões mais profundas, que me trouxe até aqui. Aquele menino ensinaria, não só a mim, mas a todos que cruzassem nosso caminho.

Como uma mãe que já tinha dois filhos, odontopediatra há quase dez anos, ainda teria algo a aprender com aquele menininho que estava a caminho? Eu não sabia o que a vida tinha me reservado, mas logo na primeira oportunidade de tê-lo em meus braços, em suas primeiras horas de vida, senti que Artur transformaria minha vida para sempre!

Essa intuição me deixou em total estado de alerta com aquele bebê rígido, que não dormia mais que alguns poucos minutos, não se aninhava no colo e chorava descontroladamente, sem que nada do que eu fizesse surtisse efeito calmante.

Por que eu sentia que meu terceiro bebê era diferente dos outros? Por que ele não conseguia se aconchegar em meu colo? Por que ele chorava tão desesperadamente?

Eram tantos porquês e nenhuma resposta às minhas inquietações. Os meses foram passando e as inquietações não iam embora. Pelo contrário, mais dúvidas pairavam em minha mente e eu não conseguia compartilhar com ninguém. Afinal, o que poderia ter de errado com um bebê tão fofo e saudável?

Lembro-me de um passeio que fomos fazer em família, quando Artur tinha por volta de cinco a seis meses. Ele chorou na cadeirinha do carro, até perder o fôlego!"Todo bebê gosta de passear de carro, por que o meu grita até ficar sem ar?".

Nesse dia, o desespero foi tão grande que o retirei da cadeirinha e com o carro ainda em movimento, tirei toda a sua roupinha, na esperança de achar um inseto ou algo que pudesse estar causando aquele comportamento, mas nada foi encontrado. Em uma última esperança, eu lhe ofereci o peito, algo que acalenta instantaneamente a esmagadora maioria dos bebês, menos o meu, que chorou até dormir de exaustão. Ali, as primeiras crises do autismo já estavam presentes sem que eu pudesse imaginar o que seria.

Quando a fase da introdução alimentar chegou, eu, que amava ver as caretinhas que os bebês faziam ao experimentar frutas e papinhas, logo vi esse momento prazeroso se transformar em angústia e desespero. Meu bebê não aceitava absolutamente nada do que lhe era oferecido e os choros intermináveis acabavam em jatos de vômitos.

Àquela altura, eu já sabia que tinha algo de diferente naquela criança, mas não sabia a quem procurar para me orientar. Com cerca de um ano e meio de vida, numa das visitas à pediatra, Artur girava pratinhos de forma muito concentrada, enquanto a médica o chamava pelo nome e tentava atrair a atenção dele a todo custo, sem sucesso.

Naquele momento, ela começou a fazer diversas perguntas sobre o comportamento dele e seu desenvolvimento. A cada resposta que eu dava, mais clara ficava a certeza de que ela estava iniciando uma conversa difícil comigo, na tentativa de me alertar sobre o que ela já sabia sobre o meu bebê. A pergunta final congelou todo meu corpo."Você já ouviu falar de autismo?". Eu respondi que sim,"muito vagamente", mas que não tinha uma real noção do que seria. Ela me orientou a procurar um neuropediatra, e passou o contato de um. No entanto, minha reação instantânea foi me desfazer do contato e apagar da minha memória aquela conversa, entrando em um total estado de negação. Os dias foram passando e meu bebê cada dia ficava mais ausente. As palavras não vinham, os olhos fugiam de nosso olhar, o isolamento era seu estado favorito, a atividade motora era frenética, ele literalmente não parava.

Eu me lembro do dia em que nós dois estávamos na sala e me distraí por alguns minutos, quando percebi, o Artur havia retirado a fralda e estava passando as próprias fezes na parede e no corpo, sem que tivesse a menor noção do que estava fazendo. Congelei. Naquele momento, percebi que não dava mais para permanecer em um estado de negação, precisava ajudar o meu filho a qualquer custo!

Criei coragem para enfrentar o desconhecido. Tirei o resto do dia para pesquisar sobre autismo e quanto mais me aprofundava, mais certeza tinha de que meu filho era autista. Dali a buscar um neuropediatra e ouvir dele a certeza do diagnóstico foi muito rápido. Como já havia chorado todas as lágrimas até chegar o dia da consulta, recebi o diagnóstico de"transtorno do espectro autista"com muita paz, entendendo que agora eu tinha um norte a seguir e que essa seria minha caminhada até o fim dos meus dias.

Nessa consulta, recebi dois golpes, o primeiro que é o próprio diagnóstico e o segundo que é saber que ele é para sempre. Desde essa consulta, estudar sobre autismo se transformou em meu objetivo de vida. Das coisas que aprendia estudando e no laboratório real que era criar o Artur, logo fui adquirindo bagagem e desejo de repassar o que vinha aprendendo e de continuar aprendendo. Fiz cursos, imersões, assisti a palestras, li livros sobre o assunto e fui conhecendo famílias de pessoas com autismo. Um processo de transformação pessoal intenso.

Em 2015, quando Artur estava por volta de 5 anos, tive muita vontade de desistir dos atendimentos odontológicos, pois via a necessidade de me dedicar exclusivamente ao desenvolvimento dele, que parecia não fluir. Mas, algo não me deixava parar. Parecia que tudo que estava acontecendo, tinha um propósito maior e realmente tinha. A fim de não parar de vez, fui reduzindo drasticamente meus atendimentos, continuava no consultório, mas ia poucas vezes na semana.

Porém, em 2016, a pergunta daquela mãe, Sônia, me inquietou e me impulsionou até aqui. Apesar de não fazer ideia de como conduziria o atendimento de Augusto naquele dia, lembrei de toda a bagagem que tinha construído ao longo de seis intensos anos convivendo com meu filho dentro do espectro do autismo. Enxerguei naquele menininho, muito do meu filho. A aversão ao toque, a ausência de comunicação por palavras, o hiperfoco que o deixava sem conseguir dar atenção ao que estava ao seu redor, a dificuldade de seguir comandos, questões sensoriais que o levavam a uma desorganização emocional por estar em uma situação nova. Acredito que me capacitei para realizar aquele primeiro atendimento a uma criança autista, de uma forma tão humana e singular, e foi exatamente por estar em um convívio tão visceral com o meu, há tantos anos.

Foi por ter aprendido a enxergar as singularidades da minha própria criança, tão cheia de especificidades, que me refiz, não só como ser humano, mas também como profissional. O primeiro atendimento do meu paciente Augusto foi um sucesso. Da criança agarrada às pernas da mãe, que não queria entrar no consultório, restou um menininho curioso, que se permitiu várias experiências sem ter sido forçado a nada. Fui pro chão, busquei interação, escovamos dentes de brinquedo e tudo fluiu lindamente. A partir daquele dia, uma chave virou em minha mente e entendi que a minha missão com o autismo e a odontologia estava apenas começando.

Desde então, peguei todas as estratégias utilizadas em casa, em benefício do meu menino, e fui repassando tudo para as famílias atípicas nas consultas dos meus pacientes. Todo conhecimento adquirido na prática, criando um menino autista, agora era minha principal ferramenta de trabalho, atrelada ao amor e empatia que sentia por cada família com suas crianças, tão singulares quanto a minha.

Em cada um dos pequenos, enxergava o olhar do meu filho e em cada familiar, uma parte de mim. Entendi que inúmeras crianças e adolescentes poderiam ter suas vidas transformadas por um atendimento inclusivo e acessível, que pudesse provar o quanto eles eram capazes. Foi pensando assim que comecei a criar um método bem particular de atender e que venho aprimorando a cada criança que cruza meu caminho. Fiz o mapeamento das principais dificuldades e fui estabelecendo critérios para esses atendimentos. Dessa forma, idealizei e construí o que chamo de "cantinho pedagógico odontológico", um lugar que acolhe a criança e a leva para um espaço de ludicidade e aprendizagem através do brincar, tirando a impressão hostil de um ambiente odontológico.

Também deixei o consultório adaptado às questões sensoriais como: barulhos, cheiros, luminosidade, informações visuais e coloquei no ambiente objetos que as crianças poderiam explorar livremente. Criei histórias sociais para cada procedimento a ser realizado, com o objetivo de preparar cada paciente, dando a eles a previsibilidade que tanto precisam.

Muita brincadeira, investimento no tempo e paciência aliada a técnica para que o atendimento se tornasse acessível a cada um. Sempre foi algo muito natural para a nós, da área da saúde, encaminhar pacientes atípicos para a sedação ou fazer contenção física para a realização dos atendimentos. Nada contra. Meu único desejo é que as crianças também tenham a oportunidade de receber um atendimento mais humano, alternativo ao convencional e que aprendam a superar seus medos e limitações. Afinal, as crianças crescem e vai ficando cada vez mais difícil realizar procedimentos por contenção física e, se cada vez que uma criança ou adolescente precisar de atendimento, formos encaminhar para uma sedação, vai chegar a um limite aonde não iremos mais conseguir abarcar tantos procedimentos dessa natureza. Pela quantidade de diagnósticos que aumentam a cada dia, não haverá centros cirúrgicos ou clínicas capazes de dar conta dessa demanda para sedação. Então, quem deve se adaptar e buscar estratégias para tornar o atendimento mais inclusivo e com acessibilidade somos nós, os profissionais da área da saúde.

O grande desafio é que nós não aprendemos essas estratégias nos bancos da universidade e agora, com mais de oito anos de expertise atendendo crianças atípicas, com estratégias que realmente funcionam, eu me vejo na missão de repassar tudo para outros profissionais. Afinal, eu não dou e nem darei conta de tamanha demanda. O objetivo é expandir toda essa metodologia desenvolvida, testada e aprovada, nutrindo o sincero objetivo de mudar o curso da história e ver cada vez mais crianças e famílias sendo atendidas de forma humana e lúdica.

Para provar que essa metodologia funciona, são muitas as histórias acumuladas ao longo dos anos, contarei agora a de um adolescente que trataremos por Miguel. Institucionalizado desde a infância, ele sofria com uma dor de dente há mais de dois anos, isso mesmo, você não leu errado. Após conhecer o nosso trabalho pelas redes sociais, a assistente social do abrigo entrou em contato comigo, relatando o caso. Miguel já tinha sido levado para vários postos de saúde onde, em alguns deles, os profissionais se recusaram até a examiná-lo. Miguel é um adolescente autista, nível 3 de suporte e um forte histórico de comportamentos disruptivos e agressivos. Quando em crise, muito provavelmente pela questão da dor dentária, ele pegava qualquer instrumento perfurante que estivesse ao seu alcance e tentava, a todo custo, arrancar seu próprio dente. Nada escapava dele: garfos, facas, colheres, tesouras qualquer coisa virava ferramenta para se livrar daquela dor lancinante. Marquei uma consulta para Miguel. Na data agendada, ele chegou acompanhado de duas psicólogas, da assistente social e do motorista da instituição, todos a postos para segurar o Miguel, em caso de necessidade, já que eu disse que ele só sairia da clínica depois do procedimento realizado.

De cara, perguntei qual o maior objeto de desejo do Miguel, ao que me responderam que ele era apaixonado por coxinha e logo compramos uma. Mostrei a coxinha ao Miguel, ele tentou imediatamente pegá-la. Entendi ali, que aquela seria nossa moeda de troca. Não permiti que ele a pegasse, expliquei que ele receberia a coxinha assim que me deixasse realizar o procedimento. Com uma leve ajuda e para a surpresa de todos, Miguel sentou na cadeira odontológica. Por segurança, solicitei que uma das acompanhantes sentasse com ele. Expliquei a ele tudo que iria acontecer através de imagens e vimos todos, boquiabertos, um adolescente colaborativo e uma extração dentária realizada sem muita contenção, nem turbulência. Dois anos após ter iniciado sua peregrinação em consultórios, Miguel finalmente deu adeus às crises e a paz estava devolvida à instituição e aos seus colaboradores, que estavam sempre vigilantes para que ele não causasse um grave acidente consigo mesmo.

Esse poderia ser mais um caso isolado, contudo, semelhantes a esse, muitos outros aconteceram ao longo desses anos. Inúmeros foram os depoimentos de pais afirmando que antes de se submeterem a um atendimento inclusivo e humanizado, seus filhos jamais tinham tido a oportunidade de serem atendidos em ambiente odontológico sem contenção ou sedação.

Desde 2016, já foram muitas aulas, palestras, participações em simpósios, workshops, mesas redondas, cursos e muitos eventos na tentativa de trazer a temática para debate. Da mãe assustada de um bebê atípico até a "tia Vi", realizei uma longa jornada de autoconhecimento e refazimento enquanto ser humano. Tenho consciência de que cada criança que recebo no consultório não é uma boca, uma arcada dentária ou um caso de doença bucal. Quem entra no meu consultório todos os dias é uma criança, o filho amado, desejado e idealizado de alguém.

Meu papel é fazer com que as famílias se desapeguem das idealizações e vejam as capacidades do filho real. Esse foi o meu caminho, o de me desapegar de tudo aquilo que eu esperava que o Artur fosse e celebrar tudo o que ele realmente é. Foi essa caminhada que me mostrou o maior amor do mundo, o amor de uma mãe atípica, que hoje se estende para a construção da tia Vi, a dentista de criança atípica.

SOBRE O AUTOR DO TEXTO

VIRGÍNIA DE CASTRO OLIVEIRA

Aponte o seu celular para o QR Code e veja mais.

tiavidentistadecrianca

Nasceu em 1977, em Fortaleza-CE. Formou-se Odontóloga pela Universidade Federal do Ceará em 1999 e desde essa época já sentia inclinação para a área da pediatria. Especializou-se Odontopediatra em 2002 e, ao se tornar mãe de um garotinho autista, resolveu se aprofundar nos estudos em desenvolvimento atípico e trazer seus conhecimentos para seus atendimentos clínicos. Já são mais de oito anos de atendimento humanizado focado na criança e adolescente atípico. Seu maior reconhecimento vem das famílias e de cada criança atendida com respeito às suas particularidades. Seu grande sonho é formar cada vez mais profissionais capacitados ao atendimento humanizado para pessoas de desenvolvimento atípico!

CEO da TREBESCHI Edson Trebeschi e a Engenheira Mecânica Radmila Vaz

Embaixadora da AMABrasil
Dra. Teyla Bastos Andrade

Entrega do Selo Empresa
Amiga do Autista

Pomar de Tomates da Trebeschi

Uma vivência fora das Telas, no Campo,
na Fazenda da Trebeschi

© Clécio Albuquerque

© Clécio Albuquerque

© Clécio Albuquerque

© Clécio Albuquerque

© Jemyma Scarlet

© Jemyma Scarlet
Associação Amigos do Autista
BRASIL

Associação Amigos do Autista
© Jemyma Scarlet

© Jemyma Scarlet

© Jemyma Scarlet

© Jemyma Scarlet

© Banco de Imagens da AMABrasil

© Banco de Imagens da AMABrasil

© Banco de Imagens da AMABrasil

2

SEGUNDA PARTE

PECULIARIDADES CONCERNENTES AO TRANSTORNO

HABILIDADES MOTORAS EM CRIANÇAS COM TEA

Letícia Medeiros Peres (*)

O autismo é um transtorno complexo do desenvolvimento caracterizado por atrasos e comprometimentos nas áreas de interação social e linguagem, além de sintomas emocionais, cognitivos, motores e sensoriais. Também chamado de Transtorno do Espectro Autista (TEA), é uma condição permanente em que há uma variação de manifestações clínicas que mudam ao longo dos anos, afetando indivíduos de todas as culturas e raças (**ASSUMPÇÃO JR.; KUCZYNSKI 2015**).

A presença de déficits motores, desde as primeiras descrições, indica que prejuízos motores são comuns nas variadas manifestações clínicas, contudo essas alterações não são um dos aspectos centrais do TEA **(ASSUMPÇÃO JR.; KUCZYNSKI 2015)**.

O termo "autismo" foi utilizado pela primeira vez em 1906 por um psiquiatra que estudava o processo de pensamentos de pacientes com esquizofrenia. A nomenclatura é o resultado da junção das duas palavras gregas *autus* e *ismo* e significa "voltado para si mesmo" (**VILAR et al. 2019**).

Segundo o Manual Diagnóstico e Estatístico de Transtornos Mentais **(APA 2014)** para o diagnóstico do TEA, o indivíduo deve apresentar déficits clinicamente significativos e persistentes na comunicação social e nas interações sociais, além de apresentar padrões restritos e repetitivos de comportamento, interesses e atividades. **(APA 2014)**.

(*) Graduada em Psicologia (UFC). Pós graduanda em Terapia Cognitivo Comportamental na Infância (Child Behavior Institute of Miami-CBI, Flórida-USA). Formação em TCC e Psicologia Infantil pelo Instituto Fratelli (SP).

Ademais, o manual afirma a necessidade dos sintomas estarem presentes já no início da infância, de modo que podem não se manifestar por completo até que as demandas sociais ultrapassem o limite de suas capacidades. Além de ser estabelecida uma categorização de gravidade dos quadros clínicos, com nível 1, 2 e 3 de suporte **(APA 2014)**.

A idade média do diagnóstico é ao redor de 3 anos, embora alguns autores apontem que o diagnóstico já possa ser estabelecido em torno dos 18 meses de idade **(ASSUMPÇÃO JR.; KUCZYNSKI 2015)**. Pessoas com TEA podem apresentar um empobrecimento no processamento de emoções, no reconhecimento de faces, do controle do olhar, da capacidade de imitação, do uso de gestos, do uso da linguagem pragmática (metáfora, ironia) e do reconhecimento de pensamentos e sentimentos de si mesmos e de outras pessoas. Além disso, graves prejuízos nas interações sociais são comuns (**VILAR et al. 2019**).

Assim, cada autista apresenta uma ampla variedade de sinais e sintomas dentro desses critérios, com diferentes níveis de gravidade que podem mudar seu modo de expressão ao decorrer do desenvolvimento do indivíduo (APA, 2014)

Uma das características presentes no TEA são os atrasos e déficits nas habilidades motoras (APA, 2014), que podem resultar em prejuízo no desenvolvimento psicomotor. Os comportamentos motores alterados no TEA, mais frequentemente, são as dificuldades de imitação, no equilíbrio postural estático e dinâmico, no controle postural diminuído, na coordenação dinâmica geral que afetam a locomoção, o salto e o equilíbrio dinâmico. O déficit dessas habilidades pode impactar significativamente nas relações com outras pessoas e em outras habilidades, como na adaptação ao ambiente ou tarefas cognitivas (**BUSTO; BRACCIALLI, 2018**).

A psicomotricidade é um campo de estudo que promove o desenvolvimento infantil através de atividades lúdicas. Essas atividades, possibilitam a interação com diversão e brincadeiras, incentivando a criatividade, habilidades motoras e raciocínio das crianças (**RICHTER; VAZ 2010**). O principal objetivo da psicomotricidade é fortalecer a habilidade motora por meio de um programa educacional adaptado aos seus interesses, buscando um equilíbrio entre as necessidades individuais e coletivas. A avaliação psicomotora abrange diversos aspectos, incluindo tonificação muscular, equilíbrio, lateralização, consciência do próprio corpo, compreensão do espaço e do tempo, habilidades motoras globais e finas (**FONSECA 2004**).

Nesse sentido, a psicomotricidade é elemento importante na avaliação e no acompanhamento do desenvolvimento de crianças com Transtorno do Espectro Autista (TEA). Ao interagir com o ambiente, com outras pessoas e por meio de diversas atividades, a criança é incentivada a desenvolver não apenas aspectos intelectuais, físicos e sociais, mas também habilidades didáticas (**NEGRINE; MACHADO 2004**).

Os sintomas observados em crianças com TEA estão relacionados às dificuldades em usar o corpo em relação ao outro, na organização espacial, atenção durante a participação em jogos, na comunicação, nos comportamentos motores, déficits na motricidade global e fina, hipotonia no tônus muscular e erros de apraxia. Em relação ao perfil psicomotor, ocorrem as posturas inadequadas, o uso de seu corpo e dos outros, de forma inadequada, dificuldades no diálogo tônico, ou seja, na capacidade de modular a postura do corpo para entrar em contato com os outros, problemas no uso de objetos no ambiente, na capacidade de se organizar espacialmente e na imitação de gestos significativos. Hoje já se fala da necessidade de clínicos e terapeutas incluírem avaliações e intervenções psicomotoras no tratamento de crianças com TEA e indicaram a necessidade da comunidade científica reconhecer a dispraxia como parte integral da definição de TEA. Esses prejuízos motores em crianças com TEA podem afetar a aquisição e a qualidade dos movimentos, e assim interferir na autonomia, na saúde e no bem-estar (**BUSTO; BRACCIALLI 2018**).

Há evidências crescentes que pessoas com TEA têm alterações no desenvolvimento motor significativas, com idade motora geral menor que a esperada para a idade cronológica.

Nesse sentido, observa-se que as dificuldades no domínio motor estão associadas ao TEA em geral, (**LEBARTON & LANDA 2019**) e especificamente, durante a primeira infância (**BITTNER et al., 2017; BRUYNEEL et al. 2019; HARRIS 2017; DE LIMA; FILENI 2019**). Estudos descobriram que a disfunção motora de crianças com TEA não melhora naturalmente com a idade, e esses comportamentos motores anormais podem continuar desde a infância até a idade adulta (**JIA & XIE 2021**). Quanto mais cedo esses sintomas forem identificados, maiores as chances de a criança receber intervenções adequadas (**TEIXEIRA;**

DE CARVALHO & VIEIRA 2019), e de aproximá-la de habilidades condizentes à sua faixa etária (**DE LIMA & FILENI 2019**).

Com as análises feitas foi possível observar que mudanças pequenas em um domínio do desenvolvimento podem ter um grande impacto em outras partes do sistema. O desenvolvimento de habilidades em um domínio (ou seja, motor) pode se estender a outros domínios (ou seja, atenção conjunta, linguagem) ao longo do tempo. Consequentemente, é possível que pequenas dificuldades nas habilidades motoras possam ter um efeito cascata em outros domínios (**BRUYNEEL 2019; CAPUTO 2018; CHOI et al. 2018; LEBARTON & LANDA 2019**).

Como citado acima, os déficits no funcionamento motor não são características definidoras do diagnóstico. Contudo, a habilidade motora está comprometida em indivíduos com TEA. Um corpo crescente de trabalhos teóricos e empíricos sugere que a disfunção motora pode ser um componente emergente precoce do fenótipo do TEA e pode contribuir para a definição do pródomo do TEA (**LEBARTON & LANDA 2019**).

As habilidades motoras também estão relacionadas com a função social e emocional, habilidades de vida diária e brincar e interagir com os outros (**CAPUTO et al. 2018**). Indivíduos com TEA têm dificuldade em prever eventos e relações entre eventos. Isso inclui a capacidade de antecipar ações, bem como as consequências das próprias ações (**LEBARTON & LANDA 2019**).

A manifestação das dificuldades motoras pode ser observada através das dificuldades de desenvolver a imitação e função social, no planejamento motor, da dispraxia do desenvolvimento, distúrbio de coordenação do desenvolvimento (**LEBARTON; LANDA 2019**), hipotonia, apraxia e déficits no controle postural (HARRIS, 2017), nas habilidades motoras finas e grossas (**CHOI et al. 2018; DE LIMA & FILENI 2019**), dificuldades na execução de movimentos precisos, psicomotricidade, esquema corporal, e organização espacial, temporal, lateralidade (**TEIXEIRA; DE CARVALHO & VIEIRA 2019**) e dificuldades nos movimentos oculares (**DA CRUZ & PRAXEDES 2018**)

O surgimento de novas habilidades motoras muda a forma como as crianças interagem com objetos e pessoas, o que é importante tanto para o desenvolvimento comunicativo geral quanto para o desenvolvimento da linguagem.

CONCLUSÃO

O Transtorno do Espectro do Autismo (TEA) é um dos transtornos do neurodesenvolvimento que apresentam grande variabilidade de sintomas (tanto em intensidade e gravidade como na diversidade). Autistas são caracterizados, por terem em comum déficits de comunicação, interação social, padrões de comportamento restritos por interesses e atividades repetitivas. Contudo, também pode-se observar, como característica marcante, uma variedade de déficits motores nesses indivíduos.

Assim, segundo a literatura, a idade motora geral de indivíduos com TEA é menor que a esperada para a idade cronológica. Crianças com TEA têm prejuízos em seu desempenho motor e na psicomotricidade quando comparado aos demais. Elas apresentam uma série de alterações motoras, com atrasos na coordenação, resultando em déficits na aprendizagem de habilidades motoras finas e complexas, que incluem motricidade global, equilíbrio, esquema corporal, e organização espacial e temporal.

Além disso, quando ocorre um déficit motor, outras áreas do desenvolvimento são afetadas, o que se denomina-se cascata do desenvolvimento. A principal área afetada é a linguagem, mas também há perdas na socialização e nas atividades de vida diárias. Dado isso, o estímulo da motricidade durante a infância demonstra importante relevância para aprimorar aspectos motores, cognitivos e sociais desses indivíduos.

Nesse sentido, é importante que haja uma avaliação motora direcionada para crianças com TEA, com o intuito de garantir uma intervenção precoce, pois assim há maiores chances de a criança receber intervenções adequadas, acelerar o desenvolvimento, e de aproximá-la de habilidades condizentes à sua faixa etária. Sabe-se que indivíduos com TEA podem desenvolver suas habilidades motoras quando há uma intervenção adequada, possibilitando grandes melhoras.

Diante dos estudos mencionados, torna-se essencial que pais e profissionais estejam conscientes das potenciais alterações psicomotoras em crianças com TEA. Essa consciência permitirá realização de avaliações e de intervenções precoces.

REFERÊNCIAS BIBLIOGRÁFICAS

AMERICAN PSYCHIATRIC ASSOCIATION (APA). DSM-5: *Manual diagnóstico e estatístico de transtornos mentais.* Porto Alegre: Artmed, 2014.

ASSUMPÇÃO JÚNIOR, Francisco Baptista; KUCZYNSKI, Evelyn. Autismo infantil: novas tendências e perspectivas. São Paulo: Editora Atheneu. 2 ed., 2015.

BITTNER, Melissa D. et al. *Use of technology to facilitate physical activity in children with autism spectrum disorders:* A pilot study. Physiology & behavior, v. 177, pp. 242-246, 2017.

BRUYNEEL, Eva et al. The mediating role of joint attention in the relationship between motor skills and receptive and expressive language in siblings at risk for autism spectrum disorder. *Infant Behavior and Dev.*, v. 57, p. 101377, 2019.

BUSTO, Andressa Mayara de Lima; BRACCIALLI, Lígia Maria Presumido. Perfil psicomotor de crianças com transtorno do espectro autista. *Revista Diálogos e Perspectivas em Educação Especial*, v. 5, n. 2, pp. 59-70, 2018.

CAPUTO, Giovanni et al. *Effectiveness of a multisystem aquatic therapy for children with autism spectrum disorders.* J. of Autism and Dev. Dis., v. 48, n. 6, pp. 1945-1956, 2018.

CHOI, B. et al. *Development of fine motor skills is associated with expressive language outcomes in infants at high and low risk for autism spectrum disorder.* J. Neurodevelopmental Dis., v. 10, n. 1, pp. 1-11, 2018.

CONSELHO REGIONAL DE PSICOLOGIA (CRP-CE). *Psicologia e Autismo no Ceará:* do reconhecimento das práticas ao percurso de regulamentação ética desse campo. 1. ed. 2021

DA CRUZ, Matheus Ramos; PRAXEDES, Jomilto. *A importância da educação física para o desenvolvimento motor de crianças e jovens com transtornos do espectro autista.* e-Mosaicos, v. 7, n. 14, pp. 187-199, 2018.

DE ABREU ALMEIDA, S. S. et al. *Transtorno do espectro autista.* Sociedade Brasileira de Pediatria (SBP), 2018.

FADDA, Gisella Mouta; CURY, Vera Engler. *O enigma do autismo: contribuições sobre a etiologia do transtorno.* Psicologia em Estudo: 21(3): 411-423, 2016.

FONSECA, V. D. *Psicomotricidade:* Perspectivas Multidisciplinares. Porto Alegre: Artemed, 2004.

GARCIA, Aline Helen Corrêa et al. *Transtornos do espectro do autismo:* avaliação e comorbidades em alunos de Barueri, São Paulo. Psicol. Teor. Prat.: 18:(1): 166-177, 2016.

GOMES, Camila Graciella Santos; SILVEIRA, Analice Dutra. *Ensino de habilidades básicas para pessoas com autismo.* Appris Editora e Livraria Eireli-ME, 2016.

GUEDES, Nelzira Prestes da Silva; TADA, Iracema Neno Cecilio. *A produção científica brasileira sobre autismo na psicologia e na educação.* Psicologia: teoria e pesquisa: 31: 303-309, 2015.

HANNANT, Penelope; CASSIDY, Sarah; RENSHAW, Derek; JOYCE, Anna. *Um estudo de chá GABA duplo-cego, controlado por placebo e projetado aleatoriamente em crianças diagnosticadas com condições do espectro do autismo:* um estudo de viabilidade registro de ensaio clínico. Neurociência Nutricional, 2019

HARRIS, Susan R. *Early motor delays as diagnostic clues in autism spectrum disorder.* European J. Pediatrics: 176 (9): 1259-1262, 2017.

ISAÍAS, Jorge Miguel dos Reis. *Prevalência e Etiologia de Transtornos do Espectro do Autismo:* O que mudou nos últimos cinco anos? 2019. Universidade da Beira Interior (*UBI*), Covilhã, Portugal, 44p. Dissertação de Mestrado.

JIA, Weihua; XIE, Jinghong. Melhoria da saúde de pessoas com transtorno do espectro do autismo por meio de exercícios físicos. *Rev. Bras. Med. do Esporte:* 27: 282-285, 2021.

LEBARTON, Eve Sauer; LANDA, Rebecca J. *Infant motor skill predicts later expressive language and autism spectrum disorder diagnosis.* Infant Behavior and Development: 54: 37-47, 2019.

LIMA, Luan Henrique Moreira de et al. Avaliação motora de crianças com transtorno do espectro autista de escola regular e escola especial. *Rev. Ass. Bras. Atividade Motora Adaptada*, 20 (2): 1-10, 2019.

MASCOTTI, Thais de Souza et al. Estudos brasileiros em intervenção com indivíduos com transtorno do espectro autista: revisão sistemática. Gerais: *Revista Interinstitucional de Psicologia:* 12 (1):107-124, 2019.

NEGRINE, A.; MACHADO, M. L. S. *Autismo infantil e terapia psicomotriz:* estudo de casos. Caxias do Sul: EDUCS, 2004.

RICHTER, A. C.; VAZ, A. F. Educação *Física, educação do corpo e pequena infância:* interfaces e contradições na rotina de uma creche. Movimento (ESEF/UFRGS): 16 (1): 53-70, 2010.

SBP. *Manual de orientação:* Transtorno do Espectro do Autismo. 2019.

SOUZA, Marcela Tavares de; SILVA, Michelly Dias da; CARVALHO, Rachel de. *Revisão integrativa:* o que é e como fazer. Einstein (São Paulo): 8: 102-106, 2010.

TEIXEIRA, Bruna Marques; DE CARVALHO, Fabiana Teixeira; VIEIRA, Jaqueline Raíssa Lopes. Avaliação do perfil motor em crianças de Teresina-PI com Transtorno do Espectro Autista (TEA). *Revista Educação Especial:* 32: 1-19, 2019.

VILAR, A.M.A. et al. Transtornos autísticos e estratégias promotoras de cuidados: revisão integrativa. *Rev. Baiana de Enfermagem:* 33: 1-15, 2019.

SOBRE O AUTOR DO TEXTO

LETICIA MARIA PERES DE MEDEIROS

psileticia.peres

Aponte o seu celular para o QR Code e veja mais.

Formada em Psicologia pela Universidade Federal do Ceará (UFC). Pós graduanda em Terapia Cognitivo Comportamental na infância e na adolescência pelo Child Behavior Institute of Miami-CBI, Flórida-USA). Formação em TCC e Psicologia infantil pelo Instituto Fratelli. Ex-ligante da Linepi (Liga Acadêmica de Neurologia e Psiquiatria Infantil, UFC). Com experiência no contexto hospitalar, escolar, domiciliar e com plantão psicológico. Atualmente atende crianças no processo de psicoterapia e faz mediação de grupos de habilidades sociais de crianças.

A SELETIVIDADE ALIMENTAR E SEUS DESAFIOS

Nathália Lobo (*)

É hora do almoço, você está com fome. Prepare o ambiente, coloque seu prato, sente à mesa e feche os olhos. Comece a comer. Imagine sentir intensamente todos os detalhes e características de um alimento que faz parte da sua refeição. É seco, molhado? Tem textura crocante, cremosa, gelatinosa? É um alimento fibroso, em grãos? Quais as sensações que este alimento desperta em você? Qual a sua cor? O cheiro dele lembra sua infância, a casa da sua avó com todas as suas memórias afetivas? O sabor é ardente, mistura doce com salgado? É frio ou quente? Você precisa mastigar muito ou ele se desmancha na boca?

Estes são alguns dos conceitos utilizados na técnica Mindful Eating – o comer consciente e com atenção plena – que consiste em utilizar todos os sentidos na escolha e degustação dos alimentos, proporcionando bem-estar físico e mental a quem o pratica. (**ALBERS 2010**)

Mas será que essa explosão de sensações é agradável a todo mundo? Vamos a um novo exercício. Agora tente imaginar sentir tudo isso com a intensidade descrita e com todas as sensibilidades sensoriais que o Transtorno do Espectro Autista carrega. Tudo mais intenso, com percepções diferentes e peculiares, até com ânsia de vômito e mal estar imediato, em alguns casos. Parece desafiador, concordam? E é isso mesmo. É um desafio diário carregar o peso da seletividade alimentar quando se tem demandas sensoriais tão relevantes. "Eu escolho o que me conforta, o que estou acostumada a sentir, o que já sei como funciona", descreve A.P., 10 anos, autista com nível 1 de suporte e seletiva alimentar.

(*) Autista. É bacharel em Direito, psicóloga e profissional do sistema de Segurança Pública. Reúne diversas especializações em seu currículo. É Major da Polícia Militar do Maranhão. Publicou os livros: Desencontros e desencantos (2015); Simplesmente Alice (2017) e Caminhos de pedra (2024).

Em suas palavras, a criança fala sobre o que chamamos de previsibilidade, que é algo muito importante em sua rotina. Além de todas as demandas sensoriais que A.P. apresenta e que já são tratadas em 3 anos de terapias, ela também tem características de comportamento rígido e inflexibilidade muito fortes, já diagnosticadas."Não é fácil sentir isso. Eu até quero comer coisas diferentes, tenho vontade e fico curiosa. Algumas coisas já nem sinto como antes, melhoraram um pouco. Mas, minha cabeça diz que não, que tenho que repetir o que faço todos os dias. Fazer tudo igual me deixa feliz", relata.

Assim como atendo A.P. em minha rotina de consultório, recebo diariamente dezenas de outras crianças e adolescentes que tem uma das principais características do TEA (e que no meu entendimento já deveria ser um fator de critério para o diagnóstico): a seletividade alimentar.

Nos últimos anos, a relevância do profissional nutricionista aumentou consideravelmente no rol de terapias das crianças autistas e explico o porquê: muitas delas já manifestam sinais e sintomas de deficiências nutricionais em razão da escolha/aceitação restrita de alimentos. A inadequação da dieta reflete em todos os aspectos da vida e saúde destes indivíduos. Os fatores nutricionais já se mostram como muito relacionados ao desencadeamento de alterações do neurodesenvolvimento.

Por essas e outras, a seletividade alimentar é um tema que vem sendo discutido com mais ênfase recentemente, como um transtorno alimentar da infância. Porém, não apresenta definições ainda bem consistentes, aparecendo como rejeição alimentar, repertório alimentar limitado e alta frequência de ingestão alimentar singular. Seletividade tem sido mais noticiada em crianças com barreiras de desenvolvimento, particularmente em crianças com TEA em comparação com crianças neuro típicas. (**SCRECK, WILLIAMS & SMITH 2004**)

A melhor definição que encontrei é a"aceitação de uma limitada variedade de alimentos e recusa de outros. Conforme apontado pelos estudos, cerca de 25% das crianças neuro típicas são seletivas, enquanto entre 70 e 80% das crianças com autismo demonstram preferências alimentares seletivas, muitas vezes se recusando a comer (ou até mesmo tentar) categorias inteiras de alimentos. Nos casos mais graves, uma criança com TEA pode limitar sua dieta a apenas cinco alimentos". (**CARREIRO 2018**)

Na prática clínica, testemunho isso todos os dias. Na anamnese do primeiro atendimento, realizada com pais ou responsáveis, pergunto inicialmente o que os levou a me procurar. A frase mais frequente é: "meu filho não come". Quando começo a esmiuçar o questionário alimentar do paciente, encontro situações que se relacionam à seletividade por textura, por cor, por aparência do alimento, pelo sabor, por comportamento alimentar. E ainda, aquelas que não identificamos no primeiro contato.

Há muitos casos em que é necessário um aprofundamento na investigação, com requisição de exames de sangue, encaminhamento para a avaliação por outros profissionais, como gastropediatras, endocrinologistas pediátricos, fonoaudiólogos, terapeutas ocupacionais, psicólogos... Sim, a rede de profissionais é extensa. Trata-se, de fato, de uma condição que precisa ser vista com múltiplos olhares e um mesmo objetivo.

As causas da seletividade são diversas. Começando pela sensibilidade sensorial, que falamos lá no início do capítulo, ou também descrita como defensividade tátil. A literatura define sensibilidade sensorial como uma resposta exacerbada a determinadas experiências, que muitas vezes resulta em um feedback de comportamento negativo.

A sensibilidade sensorial está presente em várias idades e em ambos os gêneros e afeta cerca de 90% dos indivíduos com TEA. A sensibilidade sensorial pode repercutir em dificuldades com o cheiro, textura e sabor dos alimentos, ou seja, está intimamente relacionada aos sentidos. Poxa... mas a todo momento somos bombardeados de estímulos externos. E a alimentação talvez seja um dos mais completos e complexos.

Porém, há uma vasta lista de fatores orgânicos que também podem estar envolvidos nas dificuldades alimentares no TEA: alergias alimentares, disbiose intestinal, esofagite eosinofílica, desordens gastrointestinais, refluxo, deficiência na produção de enzimas digestivas, entre muitas outras.

Além disso, os recentes estudos que evidenciam a estreita relação microbiota – intestino – cérebro trouxeram à tona uma nova percepção que coloca o TEA como uma condição multifatorial e com ligação direta com os distúrbios gastrointestinais e comportamentais, em consequência. "Em pacientes com disbiose intestinal, uma condição comumente associada ao TEA, peptídeos parcialmente digeridos podem atravessar a barreira intestinal e chegar até o cérebro, onde podem ter um efeito semelhante aos opioides que estão associados a alguns dos principais sintomas do autismo" (**CARREIRO 2018**)

Mas, a lista de causas não para por aí. Também temos questões comportamentais contribuindo para as dificuldades na alimentação das pessoas autistas. A inflexibilidade e a rigidez cognitiva interferem no comportamento alimentar, limitando escolhas e aceitação e fortalecendo a fobia em experimentar novos alimentos. A rigidez pode ir desde o uso restrito de um utensílio específico até a aceitação única de um espetinho de frango de um único restaurante da cidade.

L.S., 5 anos, meu paciente há 1 ano, exige que sua bolacha de água e sal seja íntegra e uniformemente da mesma cor, sempre. "Se tiver um pequeno quebrado, uma rachadura na bolacha, ou se ela estiver mais douradinha, ele não aceita porque diz que aquela não é a sua bolacha", desabafa a mãe. Junto com a psicóloga da criança, estamos fazendo um trabalho voltado para a flexibilidade nessas demandas. "Ele já aceita mudar a marca do biscoito doce que leva para a escola. Mas, a bolacha salgada ainda não ficou mais fácil", relata.

Como costumo dizer em minhas consultas, o trabalho é de formiguinha mesmo. O tempo, neste caso, é o que menos importa. Procuro conscientizar as famílias de que todo o esforço empregado agora poderá ser visto com mais clareza no futuro, sem criar expectativas fora da realidade. Isso porque há crianças que nos surpreendem e "viram a chave" mais rápido. Outras precisam de mais trabalho. E está tudo bem. Somos indivíduos únicos e diferentes mesmo. Entendemos isso, não é?

Eita, quanta coisa! Sim! Imaginem isso tudo somado a um cardápio restrito, repetitivo e monótono! Além de muito conhecimento técnico, o nutricionista precisa ter empatia e criatividade para exercer a sua atividade fundamental – a de manter ou reestabelecer o estado nutricional do paciente autista. Vamos dizer que o paciente tenha dificuldade severa com o consumo de proteínas (não aceita, tem ânsia de vômito, mastiga e cospe...). Como garantir que ele tenha o seu crescimento e desenvolvimento adequados?

Daí nasceu a prática de Terapia Alimentar pelos nutricionistas. Com o conhecimento técnico da interação entre os nutrientes e a detecção das deficiências apresentadas pelo paciente, podemos elaborar um plano de cuidados nutricionais que assegure o acesso aos nutrientes adequados com estratégias de aproximação para os novos alimentos.

Com oito anos de trabalho na área, vasta pesquisa em conhecimento científico, muita prática e na técnica utilizada na escalada do comer (tolerar – interagir – cheirar – tocar – provar – comer), passei alguns anos pensando em como ajudar, além das crianças, as famílias em casa, e criei o meu programa "Educando o Paladar".

Para entender meu programa, você precisa antes me conhecer melhor. Sou Nathália Lobo, nutricionista graduada pela Universidade de Fortaleza (UNIFOR) e especialista em Nutrição Funcional e Fitoterapia, Nutrição em Pediatria e em Transtorno do Espectro Autista (TEA). Também tenho cursos de formação em Food Chaining, Seletividade Alimentar e Modulação Intestinal, que são fundamentais para essa prática.

Foi com a minha prática no dia a dia com crianças e adolescentes seletivos – desde os que não aceitam frutas até os que só se alimentam dormindo (sim, existem casos assim!) – que encontrei os diversos caminhos para o tratamento da seletividade alimentar. E o que funciona de verdade, tia Nath? Criação de um vínculo forte com o paciente, nascimento de uma amizade com o alimento e repetição, repetição, repetição. Este é o "pulo do gato".

Essa amizade com o alimento durante o processo de aproximação baseado na Escalada do Comer, é o tempo todo fundamentado no brincar. Entendam que quando a criança brinca com o alimento ela está criando experiências sensoriais positivas com o mesmo. Isso reduz as barreiras na hora da refeição. Para ser interessante, a brincadeira precisa estimular, chamar atenção, despertar curiosidade, desafiar a criança.

Para os adolescentes, o princípio é o mesmo, respeitando a adaptação das atividades de acordo com seu interesse e faixa etária.

Muita gente tem curiosidade em saber como trabalhamos a aproximação com os alimentos em sessões de Terapia Alimentar. Vou dar um exemplo prático. Meu paciente V.O., de 6 anos, tem hiper foco em dinossauros e uma dificuldade muito grande na ingestão de proteínas. Utilizando sua brincadeira favorita e usando uma bandeja branca e funda, montei um cenário que simulava uma floresta divertida, com árvores de brócolis e couve-flor e ovos de codorna representando os ovinhos de dinossauros. Os animais de brinquedo foram espalhados pelo cenário e coloquei o barulho de chuva no computador.

A atividade consistia em resgatarmos o maior número de "ovos de dinossauro" durante aquela tempestade na floresta (a criança consegue imaginar exatamente a cena que eu descrevo, viu? É incrível!). Naquele momento, a atenção da criança estava em cumprir a missão de resgate. V.O. interagiu com os ovos de codorna durante toda a sessão. Depois disso, o alimento deixou de ser associado ao nojo, como ele mesmo dizia. (Era um "eca" atrás do outro antes disso!).

A partir daquele dia, seguimos trabalhando com o mesmo alimento, com mais tranquilidade, até que a criança aceitou descascar os ovinhos e cortar para conhece-los por dentro. E não é que gostou da clara do ovo? Ponto pra nós! Introduzimos uma proteína de boa qualidade. Ainda não aceita a gema do ovo... mas essa é uma cena para os próximos capítulos das nossas aventuras!

Neste dia a dia, vamos construindo novas redes de experiências e criando mais e mais memórias com os alimentos. Isso envolve, certamente, a utilização de técnicas culinárias adaptadas a aceitação de texturas específicas pelo paciente, o cálculo e recálculo dos planejamentos a cada novo alimento aceito e muito amor pelo trabalho. Aliás, eu diria que este é um ingrediente que nunca pode faltar em qualquer receita que envolve os pacientes autistas: o AMOR!

REFERÊNCIAS BIBLIOGRÁFICAS

ALBERS, S. *Using Mindful Eating to Treat Food Restriction:* A Case Study. Eating Disorders: The Journal of Treatment & Prevention, 19(1): 97-107, 2010. Disponível em: https://www.tandfonline.com/doi/abs/10.1080/10640266.2011.533609. Acesso em: 20 abr. 2024.

CARREIRO, D. M. *Abordagem nutricional na prevenção e tratamento do autismo.* 1. ed. São Paulo, SP. 2018.

SCHRECK, K. A., WILLIAMS, K. & SMITH, A. F. *A Comparison of Eating Behaviors Between Children with and Without Autism.* J Autism Dev. Disord.: 34, 433–438, 2004. Disponível em: https://pubmed.ncbi.nlm.nih.gov/15449518/. Acesso em: 20 abr. 2024.

SOBRE O AUTOR DO TEXTO

Aponte o seu celular para o QR Code e veja mais.

NATHÁLIA LOBO

a_seletividade_alimentar

Nasceu no Rio de Janeiro, em 1976, e desde os 4 anos de idade foi adotada pelo Estado do Ceará como sua terra natal. Filha de um arquiteto e uma professora, desde muito cedo demonstrava paixão por escrever. Essa paixão cresceu quando, em 1994, entrou para a Faculdade de Jornalismo. Concluiu o curso, trabalhou 16 anos como jornalista e, alguns anos depois, uma nova paixão surgiu em sua vida: a Nutrição. Cursou Nutrição e se especializou em Autismo e Seletividade Alimentar, áreas para as quais dedica seu trabalho e o cuidado com seus pacientes. Ao longo de sua carreira como Nutricionista, já publicou nove ebooks e, atualmente, ministra cursos para pais e profissionais que lidam com crianças seletivas. Reunindo suas duas formações, é mentora de outros profissionais na área da Seletividade Alimentar e alimenta, todos os dias, sua realização em levar adiante o conhecimento através de suas palavras.

INTERAÇÕES SENSORIAIS – A ROUPA

Sheila Gies (*)

INTRODUÇÃO

Muitas são as características do Transtorno do Espectro Autista, TEA. Estas se manifestam de formas variadas e em diferentes graus na interação social, na comunicação, em comportamentos e na restrição de interesses, por exemplo. A pluralidade e a complexidade latente destes temas deve ser uma motivação à sua investigação e compreensão, diante do aumento de casos de autismo no Brasil e no mundo.

Adentrar o tema das interações sensoriais da pessoa autista com a roupa é instigar a mente a se aprofundar nas nuances tangíveis e diferenciadas das atividades do cérebro, variantes que se desdobram e têm reflexos na forma de sentir e experimentar o mundo material do vestir.

Pessoas autistas que, em adição, sofrem do transtorno do processamento sensorial, TPS, são afetadas na capacidade de entender e processar estímulos sensoriais, como texturas, sons, luzes, cores, cheiros, etc. Autistas vivenciam este distúrbio de forma única, individual, podendo ser mais intenso e perceptível em algumas crianças e adultos do que em outros, manifestado mais cedo, ou mais tarde, por um período apenas, ou ao longo dos anos. A hipo ou hipersensibilidade tátil, auditiva, visual e olfativa prejudica a aptidão de conhecer, entender, processar e aceitar estímulos sensoriais advindos deste contato mais próximo à pele, a roupa. Inevitavelmente, estes traços de interação sensorial podem

(*) Graduada em Letras (UFGoiás) e Estilismo e Moda (UFC). MSc/PhD (Manchester Metropolitan University-MMU, Inglaterra) Desenvolvimento de Produto/Design de Moda. Prêmio Itaú Cultural Moda Rumos. Docente (UFC/MMU/Welfenakademie, Alemanha).

ter repercussão em ações cotidianas simples ou mais complexas, porém necessárias, como o vestir. A roupa e seus materiais, texturas, cores, cortes, caimento, tamanho, acabamentos, tipo de peça do vestuário e/ou a combinação destas, seus sons e até cheiros podem se tornar, particularmente, fontes de estímulo de grande incômodo sensorial, e até dar lugar a crises nervosas.

Com ou sem distúrbios significativos o suficiente para ser objeto de atenção especial, o ponto principal de qualquer projeto de vestuário deve ter a pessoa vista além de um corpo a ser vestido, um mero suporte para a vestimenta. Há que se considerar sua vulnerabilidade humana diante de suas capacidades e limitações, habilidades e inabilidades físicas e cognitivas, suas variações em dimensões e proporções físicas, traços fisiológicos, mentais, o seu contexto social, cultural e ambiental. A roupa, que inicialmente pode parecer superficial em sentido e em natureza intrínseca, tem grande impacto no bem estar pessoal como fundamento necessário à vida.

A roupa é um objeto que difere significativamente de outros objetos por sua característica única: é o que trazemos sobre nosso corpo, está em contato direto com a epiderme, a nossa pele, e proporciona a ligação física com o que não estamos conectados diretamente, atuando como uma interface. E, invariavelmente, a roupa, como parte de nossa proteção física, de decoro, pudor, é parte relevante de nossa identidade visual. Em muitos casos, talvez para um olhar mais atento, a forma de vestir também pode ser reveladora da condição mental, quando se dá qualquer desvio da norma, por mais discreto que possa apresentar-se. Além disso, roupa e acessórios são únicos objetos que funcionam como indicação de status social que carregamos aonde vamos.

A roupa é frequentemente referida como a segunda pele, o que a torna o objeto de maior susceptibilidade nas interações sensoriais em geral. Além disto, a roupa precisa e deve ser trocada frequentemente por motivos higiênicos, de temperatura ambiental, atividade física, trabalho, lazer, de função e ocasião social, por hábito, vontade própria, intencional, aparentemente repentina, dentre outros. Esta troca mais frequente da segunda pele demanda uma variedade maior de propriedades de materiais, formas, cores e acabamentos, além de cuidados de lavagem e armazenamento, exponenciando as possibilidades de reações pela hipo ou hipersensibilidade do autista.

Cada criança autista tem uma combinação única de características e suas reações em relação às roupas devem ser investigadas e tratadas individualmente. As formas de manifestação das sensibilidades do autista em relação à roupa também podem ser somatossensorial, que se dá pela perda ou excesso de sensibilidade ao calor, ao frio e a dores físicas, muitas vezes trazendo repulsa a quaisquer coisas que toquem a pele.

METODOLOGIA

A compreensão inicial das interações sensoriais da pessoa autista com a roupa para este capítulo deu-se através de uma revisão literária, dadas as manifestações de hipo ou hipersensibilidade mais frequentes da pessoa autista e que foram objeto de estudos anteriores.

Para um aprofundamento destas informações já identificadas, escolhemos o método de investigação de estudo de caso, através de entrevista online com mães de autista, que se dispuseram gentilmente a colaborar com esta pesquisa. São informações de 15 diferentes casos. Doze são crianças e adolescentes de 6 a 17 anos; dentre estas, três são do sexo feminino, nove do sexo masculino. Os outros 3 casos são adultos do sexo masculino. Parte das mães respondentes incluem-se na rede de contatos pessoais; a outra parte são mães que têm filhos autistas que estudam em uma escola de ensino regular, e que foram informadas pela supervisora da escola sobre a pesquisa empreendida para este capítulo. Estas quinze respondentes foram contactadas em ambiente virtual e convidadas a falar sobre a rotina diária com o autista e as particularidades percebidas em relação ao vestir, se houverem. As informações foram enviadas e recebidas através de textos e/ou áudios, e em seguida transcritos para efetivação da análise.

A participação de mães como fonte de informação mostra-se de especial importância para uma melhor compreensão destas interações sensoriais com a roupa, uma vez que, pela condição do autismo que afeta também a comunicação, verbal ou não, a pessoa que cuida do autista tem contato e atividades com este por mais tempo, o que possibilita a coleta de dados mais relevantes e confiáveis. As mães são, assim, fontes de relevante representatividade e credibilidade de informações.

Esta abordagem qualitativa permite a coleta de informações mais detalhadas, um ponto fundamental nas questões de design desafiadoras para a pessoa autista. Os dados coletados são parcialmente primários, ou seja, ainda não detectados ou encontrados na revisão literária, e outros podem servir de confirmação do que já é conhecido. Estas são variadas e, mesmo que únicas em cada caso, algumas se repetem e se combinam diferentemente de um caso a outro. Estas são apresentadas de forma suscinta a seguir:

MENINAS

Necessidade de vestir duas peças, mesmo no caso de peça única, como o vestido; que a criança quer que seja usado com shorts, por exemplo; rejeição pelo macacão ou *jardineira*; exigência de cor única nas peças do vestuário, incluindo a roupa íntima e as meias; não aceitação de estampas grandes de qualquer natureza, em nenhuma peça do vestuário; rejeição ao uso de calçados e, na falta destes, preferência pelo uso de meias; o uso dos sapatos é aceito apenas para a escola, e estes devem ser tirados assim que se chega na sala de aula; preferência pela cor rosa; gosto por escolher o que usar e se vestir sozinha, sem ajuda; prazer em vestir fantasias que o irmão mais velho, não autista, usa, indiferente se estas são típicas para menino, como a fantasia do Homem Aranha; incômodo com as etiquetas, que precisam ser sempre tiradas, até descosturadas da roupa, para eliminar vestígios; predileção por trocar de roupa, "se arrumar" para ser elogiada e se sentir bonita; não aceitação do uso do jeans, pela textura típica do tecido; aversão a tecidos de textura canelada ou tecidos sintéticos tipo tela e fleece.

MENINOS

Dificuldade com botões em camisas e até calças; rejeição a etiquetas de toda espécie, que incomodam, sendo necessária a remoção sem que fique nenhum resquício. Estas são indicadas pela criança como causadoras de incômodo e dor; inabilidade de amarrar os próprios cadarços do tênis, pela falta de concentração e ou falta de paciência para aprender a fazê-lo; falta de atenção com as roupas, como vestir peças pelo avesso sem notar; recusa de usar cueca, que é tolerada apenas para ir à escola; não aceitação de roupa com gola, de nenhum tipo; o jeans, o tecido, não é aceito pelo incômodo de sua textura e, como calça, também não é bem recebido por restringir o movimento das pernas, devido ao típico e frequente sentar-se no chão com as pernas em W ou sobre os calcanhares; a calça jeans também torna difícil a acomodação do volume de fraldas quando necessárias no uso concomitante da calça; demais peças feitas com jeans, como jaquetas e agasalhos, ou qualquer outro tecido que impeça a liberdade total dos movimentos não é aceito. O jeans chegou a ser aceito nos primeiros meses de vida quando mais finos e macios, com elastano na composição. As peças confeccionadas com jeans também têm rejeição quando a coordenação motora grossa é bem desenvolvida mas a fina não, o que impede a criança de se "ambientar" dentro do jeans; roupas de frio também apresentam rejeição, mesmo em tempo de clima muito frio, independente do tipo de material; desconforto com as *jardineiras* curtas, rejeição de roupas justas; preferência por roupas amplas e macias, como as de moleton, tactel ou poliéster com elastano; rejeição a tecidos que *fazem barulho* pela fricção quando usados, como na região entre as pernas, ou mesmo quando o tecido simplesmente é tocado com a mão. O sobrepeso do autista ou a estrutura física maior que convencionada para a sua faixa etária, leva ao uso de roupas de tamanho maior, mas planejadas para adultos; preferência pelo do uso de meias largas e feitas de material macio, e sem costuras, caso contrário, as meias podem ser escondidas ou mesmo rasgadas para que não sejam mais usadas; as costuras incomodam, até mesmo a linha pode ser desconfortável; preferência por poucos detalhes nas peças; macacões, em especial, são difíceis por apresentarem impedimento para o movimento livre do corpo, até mesmo para dormir. Caso a criança não tenha controle para fazer suas necessidades fisiológicas sem assistência de outra pessoa, o uso da fralda também pode ser mais trabalhoso se feito com o macacão, que precisa ser tirado e, porque a fralda costuma vazar, o macacão precisa ser trocado, e não apenas a parte inferior suja pelo vazamento indesejado; quanto ao uso do lencol, uma roupa de cama e não uma roupa vestível, também foi mencionado, e deve ser sempre o mesmo, com a mesma estampa e de material confortável, agradável, textura suave e lisa; roupas de brechó são preferidas, por serem mais baratas e mais confortáveis, já *amaciadas* pelo uso; cuecas sem costura e de composição mista são mais aceitas e não incomodam; em um dos casos, a não aceitação de nenhum tipo de roupa também foi identificado.

ADULTOS

Nos três exemplos citados, foi constatada a não aceitação de roupas com gola, botões, zíper; calças e shorts só se forem de elástico na cintura; não apresentam questões com a etiqueta; em relação às cores, não há preferência. A decisão sobre qual cor o autista deve usar é a da mãe, que prefere o vermelho, por considerar alegre, e a preta ou azul marinho por serem entendidas como cores masculinas; os tecidos podem ser rejeitados se o desconforto percebido for o calor, com a preferência de uso de tecido sintético apenas para algumas bermudas, se este for macio; nos três casos, em um foi detectada a total aversão a qualquer tipo de roupa e em outro a ausência de questões relativas ao uso de roupas.

A variação da sensibilidade vai de nenhuma dificuldade em relação à roupa (um caso) à rejeição total ao uso de qualquer tipo de vestimenta (dois casos).

Os dados sobre a hipo ou hipersensibilidade identificados e especificados acima são de igual importância. Porém, nem todos são aqui discutidos pelas limitações desta publicação, podendo ser objeto de estudo em outra oportunidade.

CONSIDERAÇÕES

ETIQUETAS

Estas são frequentemente mencionadas como indesejáveis na revisão literária e nos casos em estudo, e parece ser um dos pontos mais conhecidos de desconforto para o autista. As etiquetas são importantes por trazerem informações imprescindíveis sobre o fabricante, local de fabricação, tamanho, composição dos materiais têxteis usados, cuidados específicos de lavagem, secagem, conservação. Etiquetas também podem conter QR code, menção de certificados sociais, ecológicos, etc. Com a tendência atual de localizações específicas de produção em massa e sua distribuição para diferentes partes do globo, etiquetas frequentemente são impressas em mais de um idioma para uma mesma peça, aumentando assim seu tamanho ou quantidade de camadas e, consequentemente, o seu desconforto.

Embora relevantes, é preciso ter em mente que as etiquetas são a parte não vestível da roupa, feitas de material geralmente artificial, comumente plástico, o que facilita a impreso, além de diminuir o seu custo. Um dos problemas da fibra artificial é que esta, macia ou áspera, é essencialmente plástica, podendo derreter, endurecer ou enrugar quando passadas com ferro de passar roupa com temperatura acima do que o material pode suportar, uma vez que etiquetas são frequentemente diferentes da composição da fibra da roupa, como o algodão, por exemplo. Se isto acontece, a etiqueta pode provocar ferimento na pele. Entretanto, a hipersensibilidade do autista surge como uma nova condição da pessoa que veste, é uma relação direta com um novo contexto do usuário e que deve se tornar parte fundamental do design.

A retirada da etiqueta, a solução apresentada espontaneamente pelas mães, pode ser simples e, às vezes, trabalhosa. Esta remoção, se feita sem a habilidade que requer, pode vir a danificar a roupa, como por exemplo, se for necessário desmanchar a costura de fechamento da peça onde a etiqueta foi inserida, porque nem sempre é possível refazer esta costura de união de partes da roupa da mesma forma que feita na sua fabricação. Algumas etiquetas podem estar fixadas na costura de fechamento da peça com uma costura extra, sobreposta à costura de união de peças, às vezes com linha de cor mais visível, fácil de ser desfeita, para assim desprender a etiqueta da roupa sem danificar a costura de fechamento. Infelizmente este cuidado não é uma regra e nem sempre o usuário tem a informação ou a percepção desta costura e sua finalidade.

Para evitar o desconforto do uso de etiquetas costuradas na peça, algumas marcas imprimem as informações essenciais de uma etiqueta no próprio tecido, no interior da peça, uma atitude de respeito ao consumidor em geral. Lamentavelmente, nem todo processo de fabricação, tipo de tecido ou peça permite esta solução. Sempre que for possível fazer a impressão diretamente na peça, a solução talvez seja selecionar as informações de cuidado e preservação, para que estas estejam sempre visíveis no cuidado frequente e, em uma segunda etiqueta, facilmente removível, apresentar demais informações. Estas são apenas algumas reflexões que podem mostrar uma atitude de cuidado para com o consumidor, especialmente do consumidor autista, mas nem sempre possíveis de serem feitas, por vários motivos do processo industrial e sua comercialização. Felizmente, já existem empresas de confecção que se dedicam à causa do autista, que não usam etiquetas e nem estampas que são sentidas ao toque.

Cores

Suas infinitas variações e influências fazem das cores um dos elementos mais poderosos do design em geral. Cores criam uma aura magnificente, envolvente, exultante e de nuances sutis que podem tanto deprimir como acalmar quem as usa ou observa. A reação às cores é, portanto, física e psicológica, consciente ou inconsciente. Até mesmo antes do estilo, é a cor que faz notar uma roupa exposta em uma vitrine. A cor facilita a distinção e a identidade de objetos, e pode até mesmo mudar a aparência de tamanho ou forma.

Entretanto, como a cor é luz, sua predominância pode ser evasiva, tornando um desafio a definição de sua essência com palavras. A comunicação, verbal ou não, é conhecidamente uma das áreas de desafio do autista, o que demanda um maior conhecimento das preferências e das propriedades da cor no momento da escolha de uma roupa ou acessório.

Superfícies parecem ter cor porque refletem certas ondas de luz que estimulam receptores cerebrais. A cor é, portanto, uma ocorrência externa e interna, e esta combinação faz, e não só da cor da roupa, uma experiência individual nas interações sensoriais, uma vez que o cérebro tende a agrupar e organizar percepções similares.

Nos casos estudados, uma menina autista tem preferência por roupas de cor rosa, atualmente tida como uma cor predominantemente feminina, e comum entre meninas. Em outra, a prioridade não se dá por uma cor específica, mas pelo uso de uma cor única em todos os ítens do vestuário. Já o caso da segunda, pode sugerir que múltiplas cores na roupa signifiquem múltiplos estímulos para a complexidade do cérebro autista, assim como as estampas grandes, em outro caso, causando desconforto e, então, devem ser evitadas. Para o setor masculino, a única menção sobre a cor foi de escolha feita pela mãe, embora nada específico sobre a interação do autista com a cor seja mencionada.

Estas particularidades percebidas pelas mães como sendo traços do TDA, podem parecer simples e, aparentemente, não seriam propriamente um problema de difícil solução. Entretanto, pela hipersensibilidade, devem ser consideradas importantes e observadas na escolha das cores e no planejamento de uma roupa para a pessoa autista, devido ao poder de estímilo e direta influência fisiológica, emocional e psicológica que a cor tem. Embora tais sensações sejam frequentemente ilusórias se comparadas à materialidade dos têxteis, é preciso ter em mente que as cores podem confundir, uma vez que mesmo os seus maiores conhecedores não estão isentos a estas ilusões.

É, portanto, imprescindível o uso consciente das cores e seus efeitos pelo entendimento de suas propriedades externas e internas, em especial na roupa para o autista com transtorno do processamento sensorial, que pode apresentar reações divergentes do público em geral e que ainda não são conhecidas em suas latentes particularidades.

A indústria têxtil e de vestuário tem aqui um vasto repertório para explorar o uso e sugestão de cores que não são apenas tendência, ou moda, mas que têm o potencial de interferir de forma positiva na interação sensorial do autista com suas roupas e acessórios.

Textura e composição de tecidos

Textura é o meio, a substância tangível de que é feita a roupa, e se refere ao tato, visão e audição. Estas são razões importantes que devem alertar para o design funcional da roupa e acessórios, pois aprendemos sobre as texturas experimentando-as desde a mais tenra idade, desenvolvendo a memória tátil. A hipersensibilidade já nos primeiros meses de vida foi claramente perceptível para algumas mães de bebês autistas, mesmo que estes ainda não tivessem sido propriamente diagnosticados como autistas na época, ou mesmo expressos verbalmente pela criança quando já mais crescida.

Com o tempo, apenas por ver uma superfície ou substância tem-se o estímulo de como é a sensação, levando à persistência da preferência ou aversão por texturas, ou ao surgimento de novas sensações desruptoras para o autista. Esta característica é observada nos casos de resistência ao uso rotineiro de cuecas, calçados ou meias, que são itens que tocam a pele diretamente, sem espaco entre eles. Uma das mães relatou que o filho esconde ou destrói as próprias meias, para evitar usá-las. A preferência é a maciez do tecido, quando do uso necessário.

Não obstante, a memória tátil nos desafia à medida que novas fibras vão surgindo e imitam tecidos que nos são familiares, demandando um constante aprendizado sensorial e mental sobre as qualidades de performance e estética da estrutura da roupa.

O que é particularmente desafiador é que, normalmente, a roupa para a criança autista é escolhida pela mãe e esta, mesmo conhecendo a afinidade da criança por determinada textura, não tem como prever com certeza se esta peça será bem adaptada, já que suas interações sensoriais pessoais podem não refletir as do autista. A relatividade de corpo e contexto delimita e condiciona esta relação sensorial, uma vez que é no corpo de quem veste que a textura exerce seu desempenho.

A textura do tecido depende de quatro fatores: conteúdo da fibra, estrutura do fio, estrutura do tecido e processo de acabamento. A fibras podem ser naturais, como por exemplo o algodão, linho, lã; e artificiais, como polyester e nylon. Um mesmo tecido pode ter uma mistura de fibras de mesma natureza ou não, dependendo do propósito final de seu uso, o que promove grandemente a performance do tecido, como o uso de elastano na composição do tecido jeans, tornando-o mais flexível e confortável.

A estrutura do tecido é que promove a percepção mais facilmente visível das diferenças de textura. No caso do autista, além da percepção visual e tátil, a auditiva é também significativa. Nos casos vistos, há reações devido à natureza da fibra artificial, da estrutura do tecido, na forma como os fios são tecidos, como no caso do jeans, das telas, das nervuras.

É preciso observar que o tecido de um mesmo fio pode ter textura na superfície superior diferente da inferior e, na escolha do tecido para a roupa a ser usada pelo autista, estas devem ter o toque igualmente agradável no contato com a pele, devido à sua possível hipersensibilidade. A superfície bidimensional do tecido com seus contornos, fricção e características termais pode apresentar aspectos adicionais depois da roupa pronta, quando se torna tridimensional, pois em sua construção os tecidos podem ser dobrados, superpostos, esmagados, esticados, torcidos, espremidos, ou ainda ter volumes adicionados como os bordados, ou outros elementos, como os botões, zíperes, que também possuem textura própria. Além destes, detalhes de acabamento e costura mais áspera, grossa, como a do jeans também são áreas problemáticas para o autista. Em um dos casos, a roupa usada, de "segunda mão", é preferida por ter certas características da textura e construção da roupa nova, que incomodam o autista, já amenizadas pelo o uso de outra pessoa. As soluções vão surgindo de forma criativa, e o conforto se alia ao preço mais acessível. Neste caso, quando mais simples e quanto menos detalhes houver, melhores as chances de adaptação ao autista.

Viu-se nos casos em foco que a preferência tanto pode ser por fibras naturais quanto por artificiais, dependendo da sensação de conforto de cada um que as veste, e é a textura do tecido um dos fatores determinantes de reações sensoriais mais significativas. Como as opções de textura no comércio são várias, conhecer a hipersensibilidade do autista a determinada textura e evitá-la na escolha da roupa parece ser uma solução lógica e quase sempre possível.

A mistura de fibras, em geral, influencia a resiliência, absorção, condução de calor, controle de encolhimento, formas de lavagem, resistência a insetos, calor e fogo, ácidos e alcalóides, mofo e bolor, a resistência, duração e brilho da roupa. Além destes benefícios, a mistura de fibras em um tecido, porém, deve ser observada mais cuidadosamente. Estudos mostram que fibras mistas podem ter fatores que vão além otimizar o desempenho da matéria tecido, e podem mais que causar estímulos ao tato, audição e visão.

Mesmo que de natureza similar, a mistura de fibras é um cuidado tão importante que tem recomendação já na bíblia, no velho testamento. Deuteronômio 22:11 recomenda que não se use roupa de lã e linho misturada no mesmo tecido. Dr. Heidi Yellen, curiosa sobre o porquê desta recomendação bíblica, implementou um estudo em 2003 para medir a "assinatura de frequência dos tecidos", usando uma máquina criada por Bob Graham, inicialmente interessado em medir a frequência de plantas e do corpo humano. Este aspecto de energia tem sido medido por muitos da comunidade acadêmica. O vencedor do Prêmio Nobel Dr. Otto Heinrich Warburg observou que o corpo humano tem uma assinatura de frequência média de 70 a 90; resultados menores que 50 foram identificados como estado de saúde caótico, e qualquer número menor que 15 foi identificado em doentes em condição incurável, o mesmo número que fibras como o poliéster, rayon e seda. Algodão orgânico tem frequência 100; e o não orgânico, 70.

O estudo mostra que assinaturas de frequência menores que 100 sobrecarregam o corpo. Se o tecido tiver uma frequência maior, este dá energia ao corpo.

No estudo de Yellen, a "assinatura de frequência" encontrada do linho foi de 5000, a mesma da lã, também 5000. Observou-se também que as duas fibras misturadas têm suas frequências anuladas, por fluírem em direções opostas. Este colapso do campo elétrico se repete quando um item de linho puro, como uma calça, é usado com outro de lã pura, como em um agasalho. Em 2012, Yellen relata que Dr. Phillip Callahan, um notável médico pesquisador, descobriu que o linho puro, se colocado sobre uma ferida ou dor local, acelera a cicatrização de maneira excepcional.

O linho tem uma aparência bonita e é conhecido como tecido curador desde os mais remotos tempos. Linho não se torna felpudo, pode ser lavado em água quente, pode ser fervido e seco ao sol, passado com ferro quente, o que assegura sua esterilização; possui um toque suave e agradável, de alívio natural, e propriedades naturais antibactericidas, antifúngicas, absorve umidade do corpo e permite que evapore mais rapidamente, estimula o fluxo sanguíneo, não acumula eletricidade estática, protege de radiação solar, é biodegradável e não agride o meio ambiente. Em clima frio, o linho é ideal na manutenção da temperatura. Nenhuma outra fibra supera o linho em resistência, brilho e durabilidade, afirma Yellen.

Outras propriedades do linho devido ao seu campo de alta frequência 5000, quando usado, aumenta a frequência do corpo, pois permite o fluir de energia para o equilíbrio, pela tendência de equalização para chegar à harmonia, recebendo e liberando energia.

Estas informações comprovadamente científicas sobre o linho, suas propriedades e consequências na saúde em geral quando associado a outras fibras, nos leva a questionar possíveis resultados de outros tipos de mistura de fibras em um mesmo tecido, uma vez que uma fibra artificial é, basicamente, plástico.

Embora não tenha sido encontrado nenhum estudo sobre os benefícios do uso do linho puro para as dificuldades da interação sensorial do autista com a roupa, pode-se inferir que os benefícios são certos. Por exemplo, **GEERTSEN (2019)**, que não é autista, conta que sua sensibilidade às roupas aumentou em uma época que se sentia particularmente fraca, durante o tratamento de uma doença autoimune. Foi quando teve conhecimento da pesquisa de Yellen, adotou o linho e o algodão e, aos poucos, foi substituindo por estes os outros tipos de fibra. Desta experiência, Geertsen afirma que o corpo humano é um instrumento extra-sensorial altamente sintonizado, muito mais perceptivo aos expectros de energia do que a nossa tecnologia mais avançada, e que acredita que estas diferentes vibrações tenham efeitos positivos ou negativos na nossa saúde. Quando examinamos os casos de hipersensibilidade deste presente estudo, podemos perceber profundas similaridades na afirmação de Geertsen no que se refere à sua própria hipersensibilidade relativa à composição das fibras de tecidos, o que ela foi capaz de expressar claramente. Muito provavelmente, os benefícios em sua saúde podem ser extendidos ao bem estar do autista.

Muitos podem, com razão, questionar os custos altos do linho. O algodão orgânico também tem boa frequência, embora inferior se comparado ao linho, e tem custo menor. É razoável considerar que ter uma roupa mais cara, mas que favorece a saúde é preferível a várias mais baratas e que podem não trazer benefício algum, e ainda podem sobrecarregar o corpo. A quantidade de uma roupa de linho, adequada, pode ser apenas a que permite que uma seja usada enquanto outra está sendo lavada. O importante é fazer uma tentativa, observar resultados e, se significativos, ir aos poucos substituindo as fibras de assinatura de frequência baixa, adicionando o linho e o algodão.

A pesquisa de Yellen e a experiência de Geertsen nos levam à reflexão de que há, possivelmente, novas formas de explorar as qualidades dos tecidos que merecem ser mais seriamente investigadas pela indústria têxtil. O aumento atual da frequência de hipersensibilidades a fibras, texturas, tecidos e roupas, possivelmente esteja acontecendo devido ao esquecimento de práticas eficientes mais antigas, ou por estas terem sido substituídas por outras para que as novas demandas do também crescente mercado de têxteis possam ser atendidas. Novas realidades trazem transformações que podem demandar uma nova visão sobre a atuação da indústria, devido a novas especificidades do consumidor, aumentando a sua complexidade.

Percebe-se que são necessárias pesquisas, como as de Yellen, que inovem na compreensão das propriedades dos tecidos de fibra mista em relação não apenas ao seu uso otimizado, mas o que esta mistura pode acarretar à saúde. O conceito de confortável pode atingir significados mais amplos, extensivos à saúde de todo o corpo, e não somente no que se refere ao tato, visão e audição.

Rejeição da roupa

Ao intermediar a relação do corpo com o meio, a roupa instiga o corpo ao vínculo ou oposição ao contexto. Nesta interação, o corpo pode negar a proximidade com os objetos têxteis e não têxteis, como visto na rejeição de calçados, meias, e até da roupa em todos os seus itens.

Determinadas texturas ou composição de fibras podem levar a condições extremas de total rejeição a qualquer objeto que se vista ou calce, sem que uma explicação plausível possa ser contemplada. No caso da hipersensibilidade, as sensações resultantes tendem a ser hostis ao autista, exteriormente e interiormente. Neste universo pessoal de percepções do autista, a ausência da roupa faz com que seu papel de habitat espacial, de segunda pele para o corpo, e a mediação com outros espaços deixe de existir, o que restringe potencialmente a esfera de atuação social do autista, além da já conhecida restrição devida à comunicação.

O corpo parcial ou totalmente desnudo expõe não apenas a si mesmo, mas também a sua inabilidade de conformação à proteção, adorno, valorização de suas formas, adaptação a situações corriqueiras da vida cotidiana e o consequente distanciamento de práticas urbanas, afetando profundamente a qualidade de vida do autista. É um desafio pessoal à condição vital cada vez mais creditada à roupa. Na ausência da segunda pele, ficando o corpo desnudo, considera-se o espaço físico que o autista ocupa, normalmente sua casa e, como em um dos casos, um espaço especialmente reservado nesta.

Em um contexto geral, não específico para o autista, Saltzman (2008, p. 327) fala da terceira pele,"a morada do ser humano", inclusive a casa, dentro dos princípios de usabilidade. Esta precisa ser agradável, confortável, eficiente, segura, onde erros não aconteçam frequentemente e, para se evitar acidentes domésticos, espaços de circulação devem ser adequados, o acesso a áreas internas e objetos, mobiliários, eletrodomésticos e outros deve ser facilitado. Tais cuidados devem ser observados, reforçados, e outros adicionados, incluindo a restrição de uso deste espaço, para que a segurança e integridade do autista seja mantida.

Nestas situações, é na terceira pele, a casa, que o os têxteis se mostram significativos para o autista mesmo quando não vestidos, como no revestimento de móveis, guarnições de cama, mesa e banho, que estarão em contato direto mais com a pele. Maciez, toque, abrasão, cores, poucos detalhes se tornam propriedades fundamentais. Como apresentado anteriormente, o uso do linho e do algodão orgânico deve ter preferência sempre que possível.

Vimos que a hipo ou hipersensibilidade pode variar significativamente de caso a caso, e em situações extremas da ausência total da roupa, a individualidade e a integridade física e moral do autista se torna um desafio ainda maior. Em uma esfera mais abrangente, de forma geral e não específica ao autista, Saltzman fala da quarta pele, significando a identidade, incluindo a família. A grande diferença é que esta quarta pele, para o autista, se restringe ao individual, uma vez que a ausêncida da roupa interfere na esfera coletiva do seu universo geográfico.

Ausência do calçado

O calçado, um objeto na maioria das vezes não têxtil, é definido como um acessório, um ítem do vestuário. Feitos para conter os pés, os sapatos são uma criação cultural não natural. Ainda assim, passamos tanto tempo calçados que dificilmente consideramos a possibilidade de não os usar, e a rejeição ao seu uso pelo autista apresenta-se como problemático.

Sapatos interferem na dinâmica do movimento natural dos pés, e podem comprimir os dedos, afetar a circulação sanguínea, o equilíbrio, enrijecer o tendão de Aquiles, encurtar o comprimento da panturrilha, músculos, etc, chegando a afetar os joelhos, causando dores que podem chegar às costas. Mais agravante que esta lista, que pode ser mais extensa, o calçado suprime os pés do contato direto com o chão, fazendo com que se perca a interação natural com o solo. Usar o tipo errado de sapato pode fazer com que os pés esquentem, "cozinhem" dentro do espaço onde estão confinados. Para autistas com coordenação motora alterada, calçados podem provocar tropeções e até quedas.

Tudo isto tem um potencial de incômodo para pessoas de sensibilidade considerada normativa, então podemos entender como se tornam muito mais desconfortáveis para os hipersensíveis, que geralmente se esquivam das situações incômodas, e podem ter reações de fuga, agressividade e paralisação quando se deparam com algo que abala seu conforto, como os sapatos, ou as meias.

O uso dos sapatos tem se tornado tao necessário que muitos nem se lembrarem da última vez que ficaram descalços, e o fato de não aceitar usá-los, como alguns autistas, tornou-se a exceção à regra. Os pés estão costumeiramente isolados do chão por solados sintéticos, pisos emborrachados, quando se faz uso do carro, ou bicicleta, pela elevação da cama, por exemplo.

A questão não é simplesmente não usar sapatos e estar descalço, é preciso que se tenha o hábito frequente de andar descalço na grama, ou areia, e não somente o autista. Este exercício terapêutico permite que os dedos se abram naturalmente, e que a pressão nas juntas diminua, que o corpo recupere seu equilíbrio natural, etc. É também conhecido como "aterramento", algo simples e tão fácil que pode ser visto com ceticismo. Apesar disso, é de importância fundamental para a saúde. Quando o autista aceita apenas o uso de meias, que estas sejam preferencialmente de algodão, sem costura e que não apertem.

Tipos de peças

Uma vez que a roupa interage com os contornos do corpo e espaços vazios, a vestimenta adquire sua forma a partir do corpo; a sua morfologia e contexto é que condicionam a relação com o vestir, o cobrir e o desnudar em suas diversas formas. O vínculo sensorial entre a pele e a roupa se estabelece na dinâmica das interações, da flexibilidade, ou da ausência, da restrição de movimentos, em uma combinação de proteção e exposição, em especial a do autista.

Como visto nos exemplos específicos em estudo, o tipo de peça ideal para o autista é o que permite praticidade, que acrescenta sentido à exigência do corpo, tanto física como psicológica, diante das condições mentais nem sempre usuais que as definem, e as estratégias têxteis que respeitam estas exigências a fim de proporcionar o bem-estar necessário.

Mais adequadas, as estratégias passam pela definição do problema, como por exemplo o macacão. Se este é o incômodo, e pode ser substituído por outros tipos de peça, então a solução é o não uso do macacão, assim como o não uso das jardineiras.

A questão principal é que nem sempre é simples definir o problema da interação sensorial. É preciso conhecimento, observação e interesse para encontrar as soluções, e nem sempre o mercado de vestuário está atento a estas questões problemáticas para suprir tais demandas, apresentar soluções comuns e prazerosas, que atendam um maior número de usuários. Estas soluções devem passar pela forma, volume, silhueta que o material têxtil permite, favorece.

Na determinação de itens do vestuário para o autista, é preciso adotar uma visão crítica, colocar à prova e reconsiderar os conceitos de conforto e praticidade, que podem fugir do convencional, e considerar o uso ou criação de novas tecnologias têxteis e de confecção. Cabe ao designer conhecer as demandas do autista em sua situação particular, mutante, e fazer a intervenção de adequação e versatilidade das propriedades das texturas, formas, cores, acabamentos, e assim aumentar as possibilidades de uso e utilidade das peças e, consequentemente, melhorar o bem estar nas interações sensoriais do autista com a roupa.

CONCLUSÃO

Este capítulo é uma tentativa de compreender melhor as interações sensoriais do autista com a roupa. Longe de tentar apresentar soluções definitivas, é mais uma forma de lidar com situações sintomáticas complexas relativas ao vestir. Como a condição do grau de autismo varia de pessoa para pessoa, é possível que as informações e considerações aqui apresentadas não sejam apropriadas para uma generalização. Estudos futuros podem promover a coleta de mais dados, acomodando uma variedade maior de características de interação sensorial e permitir que mais designs inovadores e adequados sejam produzidos neste setor, contribuindo para a regulação sensorial e minimizando o desconforto por estímulos externos que levam o autista a ter crises sensoriais. Mesmo que de forma restrita, acredita-se que este estudo tenha colaborado para que haja uma maior compreensão das interações sensoriais do autista com a roupa e este tenha maiores possibilidades de experimentar sensações auditivas, visuais e táteis que lhe sejam mais agradáveis.

REFERÊNCIAS BIBLIOGRÁFICAS

ANON. Scientific Details of the Linen Frequency Study (2023). Disponível em: https://yumelabel.com/blogs/blog/scientific-details-of-the-linen-frequency-study. Acesso em: maio 2024.

BRAGA, W. (2018). *Autismo: azul e de todas as cores* – Guia prático para pais e profissionais. São Paulo: Paulinas.

DAVIS. M. L. (1996). *Visual Design in Dress*, 3. ed., Prentice Hall.

GEERTSEN, L. (08/2023) *The Healing Frequency of Fabric* (Support Your Health With Your Clothes).

GIESBRECHT, C. (2023). *Common Autism Clothing Issues:* Managing Clothing Sensitivity. Disponível em: https://www.autismhorizon.com/autism-clothing-issues/. Acesso em: abr. 2024.

SALTZMAN, A. (2008). O design vivo, em Design de moda olhares diversos, Dorotéia Baduy Pires (org.) *Estação das Letras e Cores*. Disponível em: https://www.autismhorizon.com/autism-clothing-issues/Common Autism Clothing Issues: Managing Clothing Sensitivity. Acesso em: abr. 2024.

Scientific Details of the Linen Frequency Study (2023). Disponível em: https://yumelabel.com/blogs/blog/scientific-details-of-the-linen-frequency-study Acesso em: maio 2024.

SEAGRAVE, C. *The Amazing Frequency of Natural Plant Fabrics*. Disponível em: https://youtu.be/i9FeyXWcdO8?si=jLdgPEKIiDi2Z58F. Acesso em: jun. 2024.

YELLEN, H. (2013) Healing Flax, *Journal Hebrews Today*, EUA.

SOBRE O AUTOR DO TEXTO

Aponte o seu celular para o QR Code e veja mais.

SHEILA GIES

Inclusive.us

sheilagies

Nascida em Goiânia na década de 60, de pai relojoeiro e mãe professora, em sua infância modesta, demonstrou amor pela leitura e trabalhos manuais criativos. Ainda menina, passou das roupas de boneca a fazer as suas próprias, além de sapatos e bolsas, que produzia sob encomenda. Após sua graduação em Letras (UFG) e em Estilismo e Moda (UFC), continuou seus estudos na Inglaterra, onde é mestre pela Manchester Metropolitan University (MMU) em Desenvolvimento de Produto de Vestuário. Durante seus estudos no exterior foi pioneira no estudo e publicação da moda como inclusão social no Brasil. Com PhD em Design de Moda e Cultura Material, também pela MMU, ainda é Autora de artigos científicos publicados em diversos países e vencedora do primeiro prêmio Itaú Cultural Moda Rumos. Atuou como microempresária de confecção e como docente na UFC, MMU e na Welfenakademie, Alemanha. Mãe orgulhosa da Paola e do Leonardo, e avó coruja da Amália.

© Rafael Laurindo

© Jemyma Scarlet

leitura
© Rafael Laurindo

l'espresso
CAFÉ
© Clécio Albuquerque

© Rafael Laurindo
AMOR
EMPATIA
PACIÊNCIA
INCLUSÃO
"QUEM JULGA MENOS
E ABRAÇA MAIS,
EXCLUI MENOS E
APOSTA TUDO QUE
TEM NAQUELES
QUE POUCO TÊM."

Tetra Pak
Tetra Pak
Tetra Pak
AMOR
EMPATIA
© Rafael Laurindo

Jandaia
© Rafael Laurindo

© Rafael Laurindo
Jandaia

SELO AMIGO DO AUTISTA
© Jemyma Scarlet

SELO AMIGO DO AUTISTA
© Jemyma Scarlet

SELO AMIGO DO AUTISTA
Associação Amigos do Autista
BRASIL
© Jemyma Scarlet

TERCEIRA PARTE

PAIS ATÍPICOS E DEPOIMENTOS EM GERAL

SOMOS PAIS E MÃES ATÍPICOS! E AGORA?

Myllene Karine Câmara de Sena Oliveira (*)

Esse termo atípico é utilizado para os Pais cujos filhos possuem um desenvolvimento neurológico que foge do esperado, do padrão considerado típico em uma sociedade.

Esse termo deriva das palavras:

NEUROTÍPICO: (pessoas com desenvolvimento neurologicamente típico, isto é, sem prejuízos neurológicos).

NEUROATÍPICO: (pessoas que apresentam alguma alteração no funcionamento neurológico, cognitiva ou comportamental).

Ao longo dos anos esses termos vêm evoluindo na busca de palavras mais inclusivas, por exemplo, "deficientes", "portadores de deficiência" foram modificados para "pessoas com deficiência (PCDs)".

ATÍPICO ou NEURODIVERGENTE são termos utilizados para referir a pessoas com desenvolvimento neurológico ou algum aspecto do seu processo neurológico, diferente do padrão que existe em uma sociedade.

O termo atípico não se refere a um grupo de pessoas como os autistas, é mais abrangente, pode ser usado ao se referir a pessoas com Transtorno do Déficit de Atenção e Hiperatividade – TDAH, Dislexia, Síndrome de Tourette, Depressão, entre outros.

(*) Graduada em Ciências Contábeis (UFRN, 2000). MBA em Economia e Gestão Empresarial (2004). Empresária (ATP *Coworking* Empresarial), com cursos nas áreas de Gestão de Pessoas, *ThetaHealing*, Hipnose e Psicanálise. Atende como Psicanalista com vasta experiência com famílias atípicas e típicas e o acolhimento do autista.

Existem os pais e mães atípicos que logo nos primeiros anos de vida de seus filhos, percebem que existe algo diferente em seus filhos como:

- não olhar nos olhos;
- não atender quando são chamados pelo nome;
- andar na ponta dos pés;
- movimentos repetitivos,
- não interagir com outras pessoas;
- não fala, nem balbucia;
- não respondem a um carinho;
- não imita movimento e expressões faciais entre outros comportamentos que fogem do padrão da sociedade.

Então buscam ajuda com o pediatra, psicólogo, psiquiatra e outros profissionais. E após diagnóstico TEA (Transtorno do Espectro Autista), iniciam os tratamentos, pois quanto mais precoce começar mais aumenta as possibilidades de qualidade de vida de seus filhos.

Existem os pais e mães atípicos que percebem algo diferente no desenvolvimento de seus filhos, mas não aceitam, vale salientar que o quanto antes for diagnosticado com TEA mais eficazes serão o tratamento e as intervenções.

Vale lembrar que os atrasos no desenvolvimento não necessariamente sejam sinais de autismo, mas servem de sinais de alerta.

O diagnóstico do TEA, não é tão simples, precisa passar por vários profissionais da área da saúde para realmente fechar o diagnóstico. As vezes o diagnóstico é fechado mais tardio, pois a criança pode ter um desenvolvimento precoce, antes de 1 ano já fala e anda, mas pode ter alguma comorbidade como (TOD – Transtorno Opositor Desafiador, TOC – Transtorno Obsessivo Compulsivo, TDAH – Transtorno Déficit de Atenção e Hiperatividade) e descobre tardiamente que também tem autismo.

O olhar atento dos pais e mães em observar se o seu filho(a) está atingindo os principais marcos sociais, emocionais e cognitivos é fundamental para um diagnóstico precoce.

O diagnóstico do TEA (Transtorno do Espectro Autista) pode causar um susto nos pais e muitas dúvidas como:

- tem cura?
- vou ter que cuidar do meu filho o resto da vida?
- ele nunca será dependente?
- como vou poder trabalhar?
- vou ter condições de manter todas as terapias?
- mas a campeã de todas é, e quem vai cuidar quando eu não estiver aqui?

A maternidade típica traz muitos desafios e aprendizados, mas sem dúvida a maternidade atípica traz maiores desafios e aprendizados. Portanto, associar-se a uma instituição que acolhe o Autismo é fundamental para essa caminhada.

A participação em grupos e redes de apoio gera trocas e relatos de experiências, como também, ampla divulgação do transtorno, para que mais famílias possam compreender, identificar e fazer o acompanhamento necessário.

Em atendimento com pais e mães atípicos, percebo que as mães são as principais cuidadoras dos seus filhos autistas.

Segue alguns relatos das mães:

*"**Sinto-me cansada, estressada.** Meu maior desafio é levar meus filhos para as terapias, pois não tenho apoio do meu marido. Ele não se interessa nem me ajuda. Tenho 2 filhos diagnosticados com TEA. Diariamente enfrento ônibus lotado e as pessoas não cedem os espaços que são exclusivos para os autistas, e eles sempre andam com uma identificação. Muitas vezes meus filhos vão em pé no ônibus lotado, isso os irrita, eles se desorganizam e causam um caos no transporte." Relata MF.*

*"Sou mãe solo, todo dia enfrento desafios. **Sinto-me deprimida**, não tenho ânimo para nada, só quero ficar em casa e ter paz. Atualmente o meu maior desafio é conseguir um acompanhante na escola pública que meu filho de 5 anos estuda, quando ele sai para o lanche no horário dos meninos maiores, o acúmulo de alunos juntos e a falácia, causam tremendo desconforto, causando grande desordem no meu filho. De tanto defender meu filho e buscar seus direitos na escola, a direção fala que sou louca." Relata TT.*

*"As vezes **sinto que minha vida não tem sentido**, já pensei em me jogar debaixo de um carro junto com meus filhos. Meu maior desafio é criar meus 2 filhos com TEA, pois meu esposo nos abandonou. Diariamente*

tenho que leva-los à escola, as terapias e fazer os cuidados diários, o que me consola é o apoio dos vizinhos na vila onde moro." Relata CP.

Essas mães estão exaustas, sobrecarregadas de tanto trabalho, além dos afazeres domésticos, cuidam dos seus filhos, levam a escola, terapias, médicos e não sobra tempo para elas se colocarem na agenda.

Outro fator que contribui para maior sobrecarga das mulheres são os pais que abandonam os filhos quando diagnosticados com algum transtorno.

O *Journal of Autism and Developmental Disorders* publicou uma pesquisa comparando o nível de estresse em mães de autistas com o estresse crônico apresentado por soldados combatentes. (**SHARPLEY et al. 1997**)

Quem cuida precisa ser cuidado! Ressalto a importância das mães e/ou responsáveis terem apoio psicológico, terapêutico, psiquiátrico, cursos de capacitação tornando especialistas nessa causa tão nobre que é entender o ser humano e aceitá-lo do jeito que ele é.

Muito se tem discutido sobre o Direito dos Autistas, a inclusão, a educação inclusiva, a saúde, a socialização e várias Leis já avançaram, isso é necessário, mas precisamos trazer o discurso para os lares, famílias, para as mães e cuidadores dos autistas.

Segue algumas Leis, de grande relevância que todos os responsáveis dos autistas devem saber, para defender seus filhos e ensinar a sociedade.

A Lei Berenice Piana (Lei 12.764/2012) é um marco na proteção dos Autistas no Brasil. Um dos aspectos mais significativo dessa Lei é a obrigatoriedade do Sistema Único de Saúde (SUS) em oferecer atendimento integral às pessoas com autismo, o que inclui diagnóstico, tratamento, reabilitação e apoio às famílias.

Além disso, estabelecer diretrizes para a educação inclusiva, o direito ao atendimento preferencial, o direito de serem acompanhadas por um cuidador ou familiar em locais públicos e privados.

O Estatuto da Pessoa com Deficiência (Lei 13.146/2015), também conhecido como LBI (Lei Brasileira de Inclusão), representa a ampliação dos direitos dos autistas em diversas áreas, incluindo trabalho, saúde, educação e infraestrutura. São direitos dos autistas garantido pelo Estatuto: Suporte escolar gratuito, acessibilidade nos transportes, acessibilidade online, prioridade no Imposto de Renda e nos processos judiciais.

A Lei Romeo Mion (Lei 13.977/2020) institui a **Carteira de Identificação da Pessoa com TEA, ou** CipTEA. Essa carteira, válida em todo território nacional, representa um avanço significativo, pois proporciona a todos os indivíduos com o diagnóstico de autismo um documento que informa sua condição de forma clara e acessível. A CipTEA não só facilita a identificação, como também garante benefícios como atenção integral, pronto atendimento e prioridade nos serviços públicos e privados, sobretudo nas áreas de saúde, educação e assistência social.

Eu sou Myllene Câmara, sou Psicanalista do IAPB (Instituto Acadêmico de Psicanálise do Brasil) e faço atendimentos no Instituto Casa de Gui (@casadegui) a pais e mães atípicas, cujos filhos estão diagnosticados no Transtorno do Espectro Autista – TEA. Trago a importância dos pais e mães estarem atentos a seus filhos, a responsabilidade de um diagnóstico precoce e alguns relatos, no sentido de ampliar as discussões e contribuir para que essas mães e/ou os cuidadores atípicos sejam mais compreendidos e apoiados, diante das dificuldades e desafios de ter um filho diagnosticado no Transtorno do Espectro Autista.

Relato, ainda, a importância ao apoio da sociedade a essas instituições não governamentais que dependem de doações e de profissionais voluntários, para que continuem esse trabalho tão necessário no acolhimento às famílias atípicas.

O conhecimento nos direciona ao caminho mais certo, é através dele que pode surgir a aceitação e, a partir daí, buscarmos as soluções.

É necessário o atendimento terapêutico para os pais e mães atípicos. É o momento de serem ouvidos sem críticas, onde podem falar livremente seus problemas, angustias, pois estão em um lugar seguro, é um momento de relaxamento, entendimento, aceitação, resolução de problemas, na busca do equilíbrio das emoções.

Dentro do Setting analítico vamos construindo o entendimento e levo para esses assistidos que, independentemente de sermos pais e mães atípicos ou típicos, temos que estarmos atentos aos nossos filhos e ajudá-los a desenvolver os seus talentos. Somos seres únicos e cada um tem o seu diferencial que precisa ser descoberto e colocado em pratica.

Desenvolver esse talento e trabalhar com ele nos torna seres humanos realizados, felizes, pois estaremos trabalhando com prazer no que amamos, no propósito que a nossa essência vem contribuir para um mundo melhor.

Se o seu filho gosta de pintar, de acesso as tintas. Se ele gosta da matemática, de acesso aos números. Se ele gosta de desenhar de acesso aos papéis e lápis. Se ele gosta de cozinha incentive a culinária. Assim teremos gênios, pessoas talentosas, pois estaremos trabalhando na nossa missão.

Quando nós, pais e mães, entendermos que nossos filhos são gênios e eles já vieram com seus talentos de fábrica e que o nosso papel como pais é incentivá-los e deixar eles sejam quem eles vieram para ser, a vida ficará mais leve, pois tudo fará parte de um grande aprendizado.

"Enxergar os outros com nossos olhos é uma tarefa superficial. Não exige treinamento, mas enxergar com os olhos deles exige refinado treinamento. Sem isso, ainda que sejamos profissionais da saúde mental, jamais entenderemos as lágrimas que não foram choradas, as dores que não foram expressas, os conflitos que não foram verbalizados. Tudo que falarmos do outro será um espelho do que somos e não do que realmente eles são".

Augusto Cury

REFERÊNCIAS BIBLIOGRÁFICAS

SANTOS, Amaya de Oliveira; SOUSA, Jalva Lília Rabelo de. O Desafio de ter um filho com Autismo / TOD: Relato de Experiência. *Cadernos Macambira*, [S. L.], v. 7, n. 3, pp. 319–325, 2023. Disponível em: https://revista.lapprudes.net/index.php/CM/article/view/826. Acesso em: 18 abr. 2024.

SANTOS, Amaya de Oliveira; SOUSA, Jalva Lília Rabelo de. *Manual de Implementação dos Processos e Ações do NAPNE no IFPI*. 2023. 73 F. Produto Educacional (Mestrado em Educação Profissional e Tecnológica), IFPI, Parnaíba-PI, 2023.

SOBRE O AUTOR DO TEXTO

MYLLENE KARINE CÂMARA DE SENA OLIVEIRA

myllenecamara

Aponte o seu celular para o QR Code e veja mais.

Nasceu no Rio Grande do Norte, mulher determinada que se formou em Ciências Contábeis (UFRN, 2000), e também com MBA em Economia e Gestão Empresarial (2004), assumindo grandes empresas do setor financeiro. Mudou-se para Fortaleza (2010) onde vive atualmente com a família. É empresária, casada, mãe de 3 filhas, fundadora do ATP Coworking Empresarial, apaixonada pelo desenvolvimento humano, realizando cursos diversos na área do autoconhecimento, como PNL, Gestão de Pessoas, ThetaHealing, Hipnose e Psicanálise. Atualmente, atende como Psicanalista com vasta experiência com famílias atípicas e típicas, e hoje prossegue colaborando com o cuidado dos pais atípicos e o acolhimento do autista.

VIVENDO O AUTISMO UM DIA APÓS O OUTRO

Laís Albuquerque (*)

Renan Azevedo (**)

Dia 8 de julho de 2014 foi uma data marcante para muitos brasileiros: o dia em que a seleção brasileira perdeu de 7x1 para a Alemanha, em casa, dentro do próprio país. Só esse episódio já bastaria para deixar nossos corações tristes. Mas, brincadeiras à parte, essa foi a data em que levei meu filho Vinícius, de forma despretensiosa, a um médico neurologista, o melhor do Estado na época. Buscava saber por que ele ainda não estava falando, afinal, ele já tinha dois anos e seus amiguinhos da escola já estavam falando algumas palavrinhas. De lá, saí com um possível diagnóstico de autismo, digo possível porque, como "Vini", como o chamamos, só tinha dois anos, não dava para dar o veredito final ainda. Posso dizer, com toda a certeza do meu coração, que foi o dia mais devastador da minha vida. Foi como se o mundo desabasse; no momento em que o médico começou a falar sobre essa possibilidade, eu já não conseguia entender nada do que ele estava dizendo. Só pensava em sair daquele consultório com meu filho, meu bebê, tão sonhado, tão planejado, mas que naquele momento, na minha cabeça, seria uma pessoa totalmente dependente de mim pelo resto da vida.

Naquela época, dez anos atrás, não se falava muito em autismo. Lembro que um pouco antes havia passado uma novela na Globo que mostrava uma menina autista; a imagem que foi passada dessa moça

(*) Advogada, mãe de 2 filhos. Através do diagnóstico de Autismo do seu filho mais novo precisou adaptar seu modo de ver o mundo. O título do seu artigo "Vivendo o autismo um dia após o outro", representa suas vivências diárias frente aos desafios impostos pelo Autismo.

(**) Advogado (UNIFOR); entusiasta do Direito Pro-Autismo, Cofundador do Instituto Renan Azevedo.

foi de uma pessoa totalmente incapaz, sem perspectivas, presa em seu mundo. E na minha cabeça, ao receber essa notícia, só vinha a imagem dessa moça. Foi um verdadeiro choque; tive que juntar forças para descer com meu filho daquele prédio onde estava localizada a clínica e tentar chorar apenas ao entrar no carro. Não consegui; ao atravessar a rua, entrei em prantos, falava para mim mesma que não era verdade, que foi um engano. Um sentimento de arrependimento por ter ido até esse médico tomava conta de mim. Um desespero, uma vontade de voltar no tempo, de ter escutado meu esposo que tanto dizia para eu não ir atrás de médico nenhum, que nosso filho não tinha nada, que eu iria acabar encontrando alguma coisa. Dito e feito, realmente encontrei.

No caminho para casa, vinha pensando em como fazer para disfarçar minha tristeza, pois nossa casa estava cheia de convidados para assistir ao jogo da Copa do Mundo entre Brasil e Alemanha. Não podia deixar transparecer nada, até porque não queria que ninguém ficasse sabendo que meu filho poderia ser autista. Durante a partida, várias pessoas chegavam até a mim para dizer: "não fica assim, não, jogo é assim mesmo; teremos outras Copas do Mundo."

Na minha cabeça, eu só queria que todos fossem embora para eu poder desabar sozinha. Já à noite, depois de colocar Vinícius para dormir, tomei coragem para falar com meu esposo, Renan. Ao falar para ele dessa possibilidade, a resposta já esperada veio: "Esse médico é um louco, não sabe o que está dizendo. Te falei para não procurar doença." E a partir desse momento, começamos a procurar na internet sinais de autismo, como se manifestavam, e algumas características iam batendo, outras não, e isso só aumentava cada vez mais nossa angústia. Afinal, ainda não entendíamos que o autismo é um espectro, que todo autista tem suas características próprias. Foram algumas noites sem dormir, entrando numa depressão diária, sem forças para lutar. Meu esposo, por diversas vezes, testava o Vinícius; lembro de uma vez que estava tendo uma festa no condomínio e o Renan levou o Vinícius bem perto do som para ver se ele colocava as mãos no ouvido, pois era um dos traços do autismo. Ao ver que ele, a todo instante, colocava as mãos no ouvido, voltou para casa em prantos, perguntando por que nosso filho tinha que passar por isso. Na semana seguinte, fomos novamente ao médico que havia levantado a hipótese do autismo, dessa vez meu esposo foi comigo. Chegando lá, o sentimento era de confrontar o médico, mas desde o primeiro momento da consulta, o Dr. Sávio conseguiu nos desarmar. Olhando em nossos olhos, ele disse: "sei que devem estar confusos, com raiva, uma tristeza sem tamanho, querendo me matar. Mas deixa eu lhes dizer, vocês possuem duas opções: seguir em frente e ajudar o Vinícius a se desenvolver da melhor forma através das terapias, ou ficar se questionando sobre os porquês e deixar o Vinícius sem suporte. A escolha é de vocês."

Foi a partir dessas palavras que decidimos fazer o que tinha que ser feito. Era através das terapias que ele iria se desenvolver? Pronto, pois vamos fazer o que tiver ao nosso alcance. E assim fizemos, durante esses dez anos posteriores ao diagnóstico foram tardes e tardes em salas de espera. Vinícius fez e faz várias terapias, dentre elas: psicologia, fonoaudiologia, terapia ocupacional, psicopedagogia. Hoje, Vini é uma criança totalmente capaz, sabe ler, escrever, toca bateria, inclusive a história de aprender a tocar bateria foi de uma estereotipia que ele tinha de ficar batendo nos móveis com dois lápis, sempre gostou e tinha ritmo. Daí começamos a investir nesse talento que ele tinha, hoje possui uma bateria profissional e toca super bem.

Através desse breve relato, colocamos um pouco do que vivemos, do que passamos, com a intenção de mostrar que não, não é fácil, mas é possível, é possível tornar essa jornada totalmente desconhecida para nós, mãe e pais atípicos, em algo leve. O apoio familiar é mais que essencial nesse momento; posso dizer que tivemos pessoas ao nosso lado que, por muitas vezes, seguraram a barra quando não conseguíamos suportar. Para as famílias que estão passando por esse momento, principalmente o início, o momento da descoberta, queremos dizer que tenham calma, paciência, dói muito, mas tenham a certeza de que passa e vai ficando tudo mais leve.

LAÍS ALBUQUERQUE

lais.ba

Aponte o seu celular para o QR Code e veja mais.

Nasceu em Fortaleza-CE, em 1988. Advogada, mãe de 2 filhos, Levi e Vinícius. Através do diagnóstico de Autismo do seu filho mais novo precisou adaptar seu modo de ver o mundo. O título do seu artigo "Vivendo o autismo um dia após o outro", representa suas vivências diárias frente aos desafios impostos pelo Autismo.

SOBRE O AUTOR DO TEXTO

RENAN AZEVEDO

renanazevedoadv

Aponte o seu celular para o QR Code e veja mais.

Autor de "Vivendo o Autismo um dia após o outro", é Advogado; Nasceu em Fortaleza-CE, pai de dois filhos, educado por mãe solo, formado em Direito pela Universidade de Fortaleza, entusiasta do Direito Pro-Autismo, Cofundador do Instituto Renan Azevedo.

SOBRE O AUTOR DO TEXTO

MEMÓRIAS DE UM QUEBRA-CABEÇAS QUE FOI MONTADO

Michelle Arantes Costa (*)

Eu sempre sonhei em ser revolucionária, sempre achei que eu poderia mudar o mundo, transformar as coisas e a realidade que me cercava. A verdade é que eu sempre tive um senso de justiça muito avivado. Lembro-me ainda criança dando a volta no quarteirão da casa da vovó, com outras crianças, e gritando"Fora Collor, o Brasil é nosso!". Na graduação lá estava eu militando pela igualdade entre homens e mulheres e no mestrado em história social meu texto ressoava vozes de mulheres que nas décadas de 1920 e 1930 laboraram em prol de sua sobrevivência. Quando decidi que seria mãe pela via da adoção vi crianças esquecidas por nossa Justiça em diversos abrigos. Este fato dilacerou meu coração e me fez lutar muito por meus filhos e por filhos de pessoas que nunca conhecerei.

Nessa trajetória muitas questões se colocavam diante de mim: Porque eu vejo realidades que outras pessoas não veem? Porque eu não posso ver a vida com mais leveza? Porque as dores desse mundo me atravessam? Havia algo oculto em mim, algo que eu não conseguia entender: Porque eu sou do jeito que sou?

Muitas dessas questões se resolveram quando, aos 36 anos, eu fui diagnosticada com o Transtorno do Espectro do Autismo. Um verdadeiro filme passou diante de mim e meu quebra-cabeça começou então a ser montado. Muitas memórias despontaram das profundezas do meu ser e são essas lembranças que desejo compartilhar com vocês leitores.

(*) Graduada em História (Licenciatura, UVA-CE, 2008); MSc História (UFC/UFSC, 2020); Docente da URCA/Crato-CE. Psicopedagoga de crianças e adolescentes autistas.

Lembro-me de um dia de Sol, na praia do Paracuru, meu pai me chamou para brincar e disse: "– filha chuta esse coco". Imediatamente eu chutei e meu pai movido por muita compaixão me disse: "Minha filha, você não pode levar tão a sério o que as pessoas te dizem". Esta memória fala acerca da minha literalidade e de como é difícil para nós, pessoas autistas, compreendermos sutilezas da língua falada.

A literalidade me levou a experienciar situações públicas de humilhação como a que passei em uma grande escola que lecionei na cidade onde moro. Era fim de julho de 2013 e nós retornávamos das férias escolares. O diretor chamou à frente os novatos para se apresentarem. Eu era novata, havia entrado em março, mas ele se referia aos que haviam ingressado em julho, eu não havia entendido. Fui à frente e só me dei conta quando ouvi risos, ou melhor, gargalhadas dos meus colegas. Este, sem dúvidas, foi um dos piores dias da minha vida. Eu sentia um misto de vergonha, raiva e tristeza. Como eu podia ser tão inteligente para algumas coisas e tão tola para outras? É que a linguagem verbal é deveras capciosa e, para mim, enigmática.

Mas, sabe de uma coisa? A língua falada não era enigmática apenas para mim. Certo dia um aluno veio à minha sala e me disse: "Tia Michelle, sabe uma coisa que eu nunca entendi? É que o "Castelão" não é um grande castelo, mas um lugar onde as pessoas jogam futebol". Esse aluno também era autista e enfrentava dificuldades semelhantes às que eu vivenciava. Quando eu o ouvi falar tive uma espécie de "iluminação"! Sua forma de compreender as coisas era bem parecida com o modo com o qual eu enxergava!

O prejuízo na comunicação verbal e não verbal, critérios diagnósticos do autismo, me colocou em apuros muitas vezes. Nunca sei ao certo quando as pessoas estão brincando, ou se aquilo que elas falam é verdade ou mentira. Tenho dificuldades em discernir as expressões faciais e as consequências do uso de determinado tom de voz. Recordo-me dos tempos de graduação na Universidade Federal do Ceará, quando fazíamos assembleias que deliberavam acerca de nossas pautas, tudo parecia um grande teatro, uma grande encenação. Levei 28 anos para perceber o quão atores e atrizes podemos ser a depender da situação. Ora levanta-se o tom da voz para defender uma causa ou para rebater um argumento, ora baixa-se o tom quando se necessita de maior leveza.

Isso nunca foi natural para mim, mas aprendido com muita observação e estudo.

E o que dizer da rigidez cognitiva? Esta me fazia pensar a vida em preto ou branco, certo ou errado e, como meu ex-marido dizia, em oito ou oitenta. Eu queria consertar as coisas, torná-las certas, respeitar a fila, fazer o que manda a lei, lutar pelo justo e pelo ético. Seguir uma linha reta. Mas como eu poderia? A vida é cheia de caminhos tortuosos, as ruas são sinuosas e as avenidas são curvas. Lembrando agora vejo o quanto me custou aprender o valor da flexibilidade e este aprendizado começou no dia que descobri que não poderia ser mãe biológica.

Como todas as meninas da minha geração, meus primeiros brinquedos foram as bonecas, as panelinhas e os móveis de casinha. Não que eu gostasse de brincar com estes objetos, pelo contrário, minhas amigas sempre reclamavam comigo, porque, após arrumar a casinha, eu dizia que não queria mais brincar. A verdade é que gostava de "organizar" os brinquedos e, não, fazer uso "funcional" destes. Contudo, é inevitável que as coisas que nos são ensinadas desde a mais tenra infância afetem a nossa subjetividade e, comigo, não seria diferente. Cresci aprendendo as brincadeiras de meninas, os atributos de uma "boa" mulher e tudo aquilo que a sociedade esperava de mim na vida adulta. Por outro lado, eu também queria corresponder a todas essas expectativas e assim eu fui trilhando meu caminho como quem preenche um *check list* da vida.

Obviamente que nada aconteceu nesta linha reta, até porque a vida é imprevisível e eu demorei muito a entender isto. Eu sempre busquei, a qualquer custo, ter previsibilidade, seguindo rígidas rotinas que eu organizava em meus inúmeros cadernos.

Mas, voltando ao imprevisível: Eu não entrei na universidade pública com 18 anos, mas com 28, também não fiz o doutorado aos 30, nessa época eu estava enlouquecendo com o mestrado. Em contrapartida, conheci meu companheiro de vida, meu melhor amigo com quem namorei, noivei e casei e tudo parecia perfeito, até que… começamos a tentar engravidar e o GRANDE imprevisto aconteceu: Tínhamos "infertilidade por razão desconhecida". Se tem uma coisa que nós autistas precisamos, isto se chama previsibilidade! Como eu poderia controlar o incontrolável? Simplesmente não havia nada que eu pudesse fazer, a não ser… chorar, espernear, dar murros na minha barriga, gritar, me isolar, me afastar de todos e me refugiar em algo que iria consumir meus dias, horas e minutos: meu hiperfoco em estudos de gênero. De todas as dores que senti, não poder gestar foi a pior delas.

Eu sofri muito com a rigidez, levei anos para compreender os tais imprevistos e, pouco a pouco fui modelando minha vida como quem vai modelando uma porção de plástico. Sim! Nosso cérebro é plástico! É daí a ideia de plasticidade cerebral. Então me abri para adoção. Entendi que eu queria ser mãe, não importava a via.

Se, por um lado, a rigidez me levou a um elevado nível de sofrimento, por outro, ela mostrou-se uma grande potência me levando a uma luta engajada na militância pelas crianças que se encontravam em acolhimentos. A situação do Brasil quanto à adoção de crianças e adolescentes é dramática e desesperadora: abrigos superlotados, diversas comarcas sem acesso ao Sistema Nacional de Adoção e sem servidores para alimentar o sistema, burlas incontáveis à fila e um processo sistemático de culpabilização dos pretendentes quanto ao perfil escolhido. Nossa justiça tarda e falha e não somente isso, não assume seus erros, por conseguinte, demora a buscar soluções para sua ineficiência. Aceitar tamanha injustiça era impensável para mim.

O processo de adoção é extremamente demorado. Tem que ter muita paciência, mas veja bem, chega um momento em que apenas ter um filho não é o suficiente. É preciso pensar na Lei, conhecê-la, é preciso pensar no processo, nos abrigos, na criança, na sociedade e na Justiça e como ela atua. E nossa justiça é lenta! Como tornar os invisíveis, visíveis? Era preciso se mobilizar enquanto sociedade civil organizada.

E foi isso que fizemos no dia 17 de dezembro, no Parque do Cocó. Realizamos um Ato de "Plantio de 541 Corações" que representava as 541 crianças em condição de abrigo, apenas em Fortaleza. Fomos juntos plantar nossos corações numa causa de amor!

Meus filhos chegaram e o caos se instaurou na minha mente. Muito se fala em mães atípicas no sentido de mulheres que têm filhos com TEA, mas pouco se diz acerca de mulheres autistas que são mães e as dificuldades enfrentadas em detrimento desta condição. Deixe-me, então, te contar sobre ser uma mãe autista.

Em primeiro lugar, meus filhos Vitória (5), Davi (6) e Michelangelo (7) sabem o que é uma crise sensorial e sabem que, eventualmente, a mamãe precisa ficar no quarto escuro para se recuperar. A crise sensorial ocorre quando o sujeito tem uma sobrecarga de seus sentidos: visão, audição, tato, paladar, olfato, interocepção, etc. Pode acontecer por excesso de claridade, barulhos, cheiros fortes dentre outros. Nesse instante, recomenda-se que a pessoa busque um local aconchegante para que possa se recompor, no meu caso, eu vou para um quarto escuro e ligo o ar-condicionado para relaxar.

Os barulhos típicos de crianças alegres eram como agulhas que me deixavam zonza e, por vezes, os abafadores de ruídos traziam paz à minha condição. A interação, algo basilar numa relação de filiação, me deixava exausta e a exaustão me irritava e, imersa na irritação, eu era grosseira. Tudo isso me deixava muito mal, me sentindo uma pessoa ruim, má. A dificuldade na comunicação não verbal não me deixava perceber que as palhaçadinhas eram uma forma das crianças se conectarem comigo. Eu sinto profundamente pelas vezes que ignorei meus filhos.

Por outro lado, meus filhos contam com uma mãe extremamente organizada, metódica e que AMA padrões, principalmente, quando se trata de cores! Todas as coisas do Michelangelo eram azuis, do Davi eram verdes e da Vitória eram rosa. Copo, prato, lençóis, etc., cada um com sua cor. A escolha delas se deu por falta de opção mesmo, uma vez que o mercado estabelece o azul para meninos e o rosa para meninas, no entanto, eu gosto mesmo é do amarelo, do lilás, e estes quase nunca têm, e quando sim, custam bem caro.

A verdade é que se romantiza muito o autismo e mesmo apresentando ao leitor as "vantagens" de ser como eu sou, eu necessito de suporte, de medicações que aliviam as comorbidades do TEA. Não devemos "glamourizar" uma deficiência, mas podemos sim desmistificá-la, apresentar a sociedade que somos seres potentes também. Nosso cérebro em sua constituição faz sinapses diferentes das demais e, por isso mesmo, resolve problemas que outros cérebros não conseguiriam resolver. A título de exemplo, cito Temple Grandin que revolucionou o manejo do gado com seus estudos, tornando menos doloroso o abate daqueles animais.

Se você, leitor, chegou até aqui, deve se lembrar que iniciei falando sobre ser "revolucionária". "Revolucionário" é um sujeito que, movido por seus ideais, busca transformar uma realidade e, coletivamente, promove uma mudança de âmbito estrutural. Nós, pessoas autistas, munidas de nosso diagnóstico, podemos revolucionar nossa própria existência dando nome ao que outrora era apenas uma angústia. Podemos, por meio das terapias, ressignificar nossas deficiências tornando-as potência em benefício da sociedade. Além disso, com o autoconhecimento somos capazes de transmutar nossas relações tornando-as mais saudáveis.

A jornada dentro do Espectro não é fácil, muitos deixarão você pelo caminho, outros seguirão até o fim. A despeito de todas as perdas, lembre-se também que você é capaz de reconstituir-se, de refazer-se, pois a rigidez é grande, mas seu cérebro ainda é plástico. Lembre-se do que dizia Ernest Hemingway: "Quem estará nas trincheiras ao teu lado? – E isso importa? – Mais do que a própria guerra".

SOBRE O AUTOR DO TEXTO

MICHELLE ARANTES COSTA

psicopedagogamichellearantes

Aponte o seu celular para o QR Code e veja mais.

Natural de Fortaleza-CE. Professora há mais de 15 anos, hoje atua como Psicopedagoga de crianças e adolescentes autistas. Possui mestrado em História pela Universidade Federal do Ceará e é autista nível 1 de suporte. Mãe do Miquelangelo, do Davi e da Vitória, a quem muito os ama.

PROJETO SOCIAL DIVERTINDO A MENTE

Sílvia Magalhães (*)

Meu nome é Silvia Magalhães, sou mãe de três lindas princesas, e uma delas está dentro do Transtorno do Espectro Autista, hoje, nível 2 de suporte.

Ao descobrir a gestação de Gabi, estava com 36 anos e ela veio como um grande presente surpresa, pois minha outra filhinha, estava com apenas 9 meses. Recebemos a notícia com preocupação, porém com muita felicidade. Gabi nasceu linda, de parto prematuro, indo direto para UTI onde permaneceu 17 dias. Foram dias difíceis, onde tudo que eu pedi a Deus era por sua vida. Fiquei internada com ela e a cada dia meu coração se enchia mais e mais de gratidão a Deus por vê-la superando dificuldades. Minha filha nasceu vencendo.

Voltamos pra casa e no dia a dia Gabi era uma bebê "perfeita", dormia a noite toda, chorava muito pouco, ia sorrindo para todos os braços sem estranhar, passava horas brincando com suas lindas mãozinhas e sorria sem nenhum estímulo aparente, ou seja, além de perfeita, eu pensava em como a felicidade dela era espontânea...

Andou aos 9 meses, pulando a etapa do engatinhar.

Tinha uma linguagem própria, não se importava quando eu entrava e saia de casa, não olhava nos olhos, não atendia comandos, e isso nos levou a procurar ajuda médica. E ela falou que estava tudo certo e que cada criança tinha seu tempo.

Com 1 ano e 7 meses, percebendo muitas diferenças em relação ao desenvolvimento de minha outra filha, Leticya, levamos em uma outra profissional, que também era Neuropediatra e a mesma indicou terapias, porém não fechou e não cogitou o diagnóstico de autismo.

(*) Idealizadora da Divertindo a Mente, mãe de três filhas. Gabi – uma delas, está dentro do Transtorno do Espectro Autista, hoje, nível 2 de suporte.

O diagnóstico de Gabi veio aos 5 anos de idade, depois que a médica deu um diagnóstico de deficiência psíquica que não aceitei, pois já vinha estudando o comportamento dela fazendo imersão e pesquisando, já sabia que minha filha tem Autismo.

Pedi o encaminhamento para Casa da Esperança, onde fomos muito bem recebidas e ela permaneceu em acompanhamento por 5 anos. Durante esse tempo tive a oportunidade de conviver com muitas famílias como a minha, e Deus colocou em meu coração a missão de ajudar outras famílias que, assim como a minha foi ajudada e cuidada. Entendi que essa luta não é só minha, é nossa. E precisamos fazer acontecer a Inclusão em ação, na busca de uma melhor qualidade de vida, com todo tratamento que nossos filhos necessitam. Gabi, meu presente divino e luz, bondade e amor, veio pra nos ensinar muito, veio como ponte de transformação.

Hoje, Gabi está com 18 anos, nem todos os dias são flores, os desafios são constantes, mas o amor que nos une, faz tudo valer a pena.

E falando de propósitos, hoje muitas famílias tiveram vidas transformadas, através do Projeto Social Divertindo a Mente, onde acolhemos (inclusive Gabi recebe com um lindo sorriso e um grande abraço) dezenas de famílias, proporcionando uma melhor qualidade de vida. Com acolhimento e terapias gratuitas, para os pacientes e suas famílias que não têm condições financeiras para arcar com as terapias. Cuidar de quem cuida é fundamental.

Quando Deus nos presenteia com uma criança especial, vem junto propósitos. Não falo que é fácil, é uma jornada, onde os valores mais simples trazem uma felicidade imensurável e nos faz descobrir a força que vem de DEUS.

SOBRE O AUTOR DO TEXTO

SILVIA MAGALHÃES

beacons.ai/divertindo.a.mente

Aponte o seu celular para o QR Code e veja mais.

Cristã. Esposa de Salviano Rodrigues Neto. Mãe de três lindas princesas. Fundadora do projeto Social Divertindo a Mente.

© Jemyma Scarlet

© Jemyma Scarlet

© Jemyma Scarlet

© Banco de Dados da Casa da Vovó Dedé

© Banco de Dados da Casa da Vovó Dedé

© Bárbara Rocha

© Banco de Dados da Casa da Vovó Dedé

QUARTA PARTE

ORDENAMENTO JURÍDICO E INCLUSÃO SOCIAL

ORDENAMENTO JURÍDICO: DESAFIOS E CONQUISTAS PARA INDIVÍDUOS QUE POSSUEM TRANSTORNOS DO ESPECTRO AUTISTA

Gutenberg de Oliveira Pereira (*)

INTRODUÇÃO

No Brasil, o Estado Democrático de Direito, assegurado pela Constituição Federal de 1988, estabeleceu como alicerce basilar, a proteção aos direitos e garantias fundamentais de todos os cidadãos. Esses direitos, considerados essenciais para o pleno exercício de uma vida, abrangem uma ampla gama de aspectos que visam assegurar a igualdade, a liberdade e a dignidade de todos os indivíduos. No entanto, é importante reconhecer que alguns grupos sociais, devido às suas particularidades e necessidades específicas, demandam uma atenção especial por parte do Estado para garantir a efetivação desses direitos.

Entre esses grupos, destacam-se as pessoas que possuem o Transtorno do Espectro Autista (TEA), uma condição neurológica que afeta o comportamento, a comunicação e a interação social dos indivíduos. O TEA é caracterizado por uma diversidade de sintomas, com amplitude que podem variar de uma pessoa para outra. Diante dessas peculiaridades, os portadores de TEA enfrentam múltiplos desafios em relação ao exercício de seus direitos e à sua integração na sociedade.

(*) Bacharel em Direito (UNIFOR); Advogado Colaborativo certificado pelo IBPC; Especialista em Direito do Consumidor, Conciliação e Mediação Extrajudicial, em Gestão de Conflitos e Governança nas Organizações, em Constelação Familiar Sistêmica, Mediador e Conciliador Extrajudicial certificado pelo IMECC; Conciliador Judicial certificado pelo Tribunal de Justiça do Estado do Ceará – TJCE, Especialista em Direito Religioso.

Nesse contexto, surge a necessidade de uma maior regulamentação por parte do Estado para garantir a proteção e promoção dos direitos das pessoas com TEA. No entanto, apesar dos avanços legislativos e das políticas de inclusão, ainda persistem lacunas e desafios no que diz respeito à efetivação desses direitos na prática.

Por isso, torna-se fundamental a realização de pesquisas que visem analisar e compreender melhor a situação dos indivíduos com TEA em relação aos seus direitos, identificando as principais barreiras e obstáculos enfrentados e propondo estratégias para superá-los.

Nesse sentido, o presente capítulo propõe-se a explorar a temática do direito das pessoas com TEA, analisando as disposições legais vigentes no país, os desafios e as perspectivas para a efetivação desses direitos.

1. AS IMPLICAÇÕES JURÍDICAS DO DIREITO DAS PESSOAS COM TEA

Apesar dos avanços significativos dos direitos das pessoas com deficiência, os indivíduos com TEA continuam a enfrentar diversos desafios e vulnerabilidades. Uma das principais razões para essa vulnerabilidade é a aparência física desses indivíduos, que muitas vezes não reflete suas necessidades e características neuro diversas. Ao não apresentarem deficiências físicas visíveis, os indivíduos com TEA podem ser erroneamente percebidos como neuro típicos, ou seja, como indivíduos sem deficiências.

Essa percepção equivocada pode levar à desqualificação dos indivíduos com TEA na categoria de deficientes, sendo tratados como portadores de problemas exclusivamente psicológicos ou comportamentais, e não reconhecendo as suas necessidades biológicas e sociais específicas.

Essa desqualificação pode resultar em uma falta de acesso a serviços e apoio adequados, além de contribuir para a estigmatização e marginalização desses indivíduos na sociedade. Portanto, é essencial que a legislação e as políticas públicas reconheçam e atendam às necessidades únicas das pessoas com TEA, garantindo-lhes o pleno exercício de seus direitos e a inclusão efetiva na sociedade.

Diversos esforços foram empreendidos para regulamentar os direitos das pessoas com deficiência. Neste sentido, a Convenção sobre os Direitos da Pessoa com Deficiência, assinada pelo Brasil em 2007, destaca-se como um marco singular nesse percurso, e com sua ratificação conferiu-lhe status de emenda constitucional.

Essa Convenção, elaborada com base nos princípios de respeito à dignidade humana, igualdade de direitos e inclusão social, representa um avanço significativo na promoção e proteção dos direitos das pessoas com deficiência. Além disso, estabelece diretrizes abrangentes para garantir a plena participação e igualdade de oportunidades para esse segmento da população em todas as esferas da vida social, econômica, política e cultural.

Ao reconhecer a importância da Convenção sobre os Direitos da Pessoa com Deficiência, o Brasil reafirma seu compromisso com os valores da inclusão, igualdade e respeito à diversidade, pavimentando o caminho para uma sociedade mais justa e inclusiva para todos.

A ratificação do Tratado representou um marco na história dos direitos das pessoas com TEA, porém, somente em 2012 foi promulgada a Lei 12.764/12, conhecida como Lei Berenice Piana, que estabeleceu finalmente um marco regulatório específico para os direitos das pessoas com TEA no Brasil.

Esse intervalo de tempo evidencia a complexidade e a morosidade do processo legislativo, bem como a necessidade de um amplo debate e conscientização pública sobre a questão do TEA e seus desafios. A Lei Berenice Piana surge como um instrumento jurídico fundamental, reconhecendo as demandas e necessidades específicas das pessoas com TEA e suas famílias, e estabelecendo diretrizes para garantir a proteção e promoção de seus direitos fundamentais.

A Política Nacional de Proteção dos Direitos da Pessoa com TEA, prevista na Lei Berenice Piana, estabelece as diretrizes fundamentais para a efetivação dos direitos das pessoas com TEA no Brasil.

Essa política reafirma a obrigação do Estado em promover a inclusão e garantir o pleno exercício dos direitos desses indivíduos, destacando a importância de medidas afirmativas e de políticas públicas específicas para atender às suas necessidades. Além disso, ressalta a necessidade de conscientização e capacitação de profissionais de diversas áreas, bem como o fomento à pesquisa e desenvolvimento de estratégias de intervenção e apoio.

A aprovação dessa política reflete um avanço significativo na legislação brasileira, reafirmando o compromisso do Estado em assegurar a dignidade, igualdade e inclusão das pessoas com TEA na sociedade.

2. LEIS DE REFERÊNCIAS

Desde os primórdios da descoberta e reconhecimento do autismo até o ano de 2012, uma lacuna legal persistia no Brasil, deixando as pessoas com TEA e suas famílias em uma situação de vulnerabilidade jurídica.

Durante esse período, apesar dos avanços na compreensão científica do TEA e das crescentes demandas por políticas e legislação específicas, a ausência de um marco regulatório deixava esses indivíduos desamparados diante dos desafios enfrentados em diferentes esferas de suas vidas. A falta de reconhecimento legal do TEA resultava em dificuldades no acesso a serviços de saúde, educação, trabalho e outros direitos fundamentais, contribuindo para a exclusão e marginalização desses indivíduos na sociedade.

No entanto, após anos de lutas e mobilização por parte de pais, profissionais, organizações da sociedade civil e pessoas com TEA, os direitos dos autistas e de suas famílias foram finalmente reconhecidos e legitimados. Esse foi um processo marcado por desafios, contratempos e obstáculos, mas também por uma determinação incansável em busca da justiça e da igualdade para todos os indivíduos afetados pelo TEA.

2.1 Constituição Federal do Brasil

A Constituição Federal é o pilar que sustenta todo o ordenamento jurídico, sendo considerada a lei suprema do país. Todas as demais normas devem estar em conformidade com os princípios e diretrizes estabelecidos na Constituição. Dentre os diversos aspectos abordados pela Constituição de 1988, as garantias dos direitos fundamentais se destacam como um dos pilares fundamentais do Estado Democrático de Direito. Esses direitos, intrinsecamente ligados à noção de dignidade da pessoa humana, são essenciais para a proteção e promoção da liberdade, igualdade e justiça para todos os cidadãos.

O reconhecimento e a garantia dos direitos fundamentais representam um compromisso do Estado brasileiro em assegurar a plena realização da pessoa humana em sua integralidade, independentemente de sua origem, raça, etnia, religião, gênero ou quaisquer outras características. Dessa forma, a Constituição Federal estabelece um conjunto de direitos e garantias que devem ser assegurados a todos os cidadãos, tais como o direito à vida, à liberdade, à igualdade, à segurança, à propriedade, à educação, à saúde, ao trabalho, entre outros.

Esses direitos não são meras aspirações ou concessões do Estado, mas sim prerrogativas fundamentais inerentes à condição humana, cuja proteção e respeito são essenciais para a construção de uma sociedade justa, democrática e inclusiva. Assim, cabe ao Estado, por meio de seus poderes e instituições, bem como à sociedade como um todo, assegurar a efetivação e a proteção desses direitos, garantindo a sua aplicação e respeito em todas as esferas da vida social, econômica e política do país.

Portanto, ao reconhecer e resguardar os direitos fundamentais, a Constituição Federal de 1988 reafirma o compromisso do Estado brasileiro com os valores democráticos e humanitários, estabelecendo os fundamentos necessários para a construção de uma sociedade mais justa, solidária e igualitária para todos os seus cidadãos.

Uma das partes mais emblemáticas e fundamentais do texto constitucional, é o artigo 5º, pois estabelece os princípios fundamentais que regem a sociedade brasileira. Em particular, o artigo 5º expressa o compromisso do Estado brasileiro com o princípio da igualdade, reconhecendo que todos os cidadãos devem ter igualdade de condições e de direitos perante a lei, independentemente de suas especificidades ou características individuais.

Esse reconhecimento da igualdade perante a lei reflete o ideal de justiça e igualdade que deve prevalecer em uma sociedade democrática. Ele significa que todos os indivíduos, independentemente de sua origem, raça, etnia, religião, gênero, orientação sexual, condição socioeconômica ou qualquer outra característica, devem ser tratados de forma justa e igualitária perante o Estado e perante a sociedade como um todo.

Além disso, o artigo 5º da Constituição Federal proíbe qualquer tipo de discriminação ou distinção arbitrária entre os cidadãos, estabelecendo que não pode haver distinção de qualquer natureza. Isso significa que o Estado brasileiro está comprometido em garantir a igualdade de direitos e oportunidades para todos os seus cidadãos, independentemente de suas diferenças individuais.

Nesse contexto, o reconhecimento da igualdade de condições e de direitos por parte do Estado é fundamental para assegurar a proteção dos direitos fundamentais de todos os cidadãos, bem como para promover a inclusão social e a coesão da sociedade brasileira. Portanto, o artigo 5º da Constituição Federal desempenha um papel crucial na promoção da justiça social e na construção de uma sociedade mais democrática, igualitária e inclusiva.

O artigo 6º da Constituição Federal do Brasil aborda os direitos sociais fundamentais, reconhecendo que o Estado tem a obrigação de garantir condições dignas de vida para todos os cidadãos. Esses direitos incluem aspectos essenciais para o bem-estar e a qualidade de vida, como saúde, trabalho, lazer, segurança, Previdência Social, proteção à maternidade e à infância, além da assistência aos desamparados.

Essa disposição constitucional reflete o compromisso do Estado em promover a justiça social e reduzir as desigualdades socioeconômicas, garantindo que todos os cidadãos tenham acesso aos recursos e serviços necessários para uma vida digna. Ao estabelecer esses direitos sociais como fundamentais, a Constituição reconhece a importância de se assegurar não apenas direitos civis e políticos, mas também direitos econômicos, sociais e culturais.

A inclusão dos direitos sociais no artigo 6º da Constituição também visa a equidade e a justiça distributiva, buscando equiparar os desiguais para que todos possam desfrutar dos mesmos direitos e oportunidades. Isso significa que o Estado deve implementar políticas públicas e programas sociais que visem a garantir o acesso universal e igualitário a serviços essenciais, como saúde, educação, moradia, segurança alimentar e proteção social.

Além disso, ao reconhecer a proteção à maternidade e à infância, bem como a assistência aos desamparados, o artigo 6º da Constituição enfatiza a importância de se proteger os grupos mais vulneráveis da sociedade, garantindo-lhes apoio e proteção adequados. Dessa forma, esse dispositivo constitucional desempenha um papel fundamental na promoção da justiça social, na redução das desigualdades e na construção de uma sociedade mais inclusiva, solidária e igualitária.

O artigo 6º da Constituição Federal do Brasil não apenas enumera, mas consagra os direitos sociais como pilares fundamentais da cidadania e da dignidade humana. Neste dispositivo, o Estado é incumbido da obrigação de assegurar condições dignas de vida para todos os cidadãos, estabelecendo um compromisso inalienável com o bem-estar e a qualidade de vida da população. Ao reconhecer e garantir direitos como saúde, trabalho, lazer, segurança, Previdência Social, proteção à maternidade e à infância, bem como assistência aos desamparados, a Constituição reconhece a natureza multifacetada das necessidades humanas e a necessidade de uma abordagem abrangente para garantir a plena realização desses direitos.

Essa disposição constitucional reflete o compromisso ético e político do Estado brasileiro em promover a justiça social e combater as desigualdades socioeconômicas, reconhecendo que o acesso a esses direitos é essencial para a construção de uma sociedade mais justa e igualitária. Ao estabelecer os direitos sociais como fundamentais, a Constituição reconhece a interdependência e a indivisibilidade dos direitos humanos, afirmando que a realização plena da dignidade humana requer não apenas a garantia de direitos civis e políticos, mas também a garantia de direitos econômicos, sociais e culturais.

A inclusão dos direitos sociais no artigo 6º da Constituição visa a assegurar a equidade e a justiça distributiva na sociedade, reconhecendo que o acesso a recursos e oportunidades é essencial para promover a igualdade de condições e de oportunidades para todos os cidadãos. Isso implica na implementação de políticas públicas e programas sociais que visem a garantir o acesso universal e igualitário a serviços essenciais, tais como saúde, educação, moradia, segurança alimentar e proteção social.

A Constituição Federal estabelece de forma clara e inequívoca o compromisso do Estado brasileiro com a garantia dos direitos das pessoas com necessidades especiais (PNEs). O artigo 208, inciso III, da Constituição estabelece que é dever do Estado prover um atendimento educacional especializado para os portadores de deficiência, preferencialmente na rede regular de ensino. Esse dispositivo constitucional reflete o reconhecimento da importância da inclusão e da igualdade de oportunidades no âmbito educacional, assegurando que todas as pessoas, independentemente de suas condições físicas, mentais ou emocionais, tenham acesso a uma educação de qualidade.

Além das disposições constitucionais, outras leis também garantem a proteção dos direitos das pessoas com autismo e outras condições especiais. Essas leis são complementares à Constituição e visam a fortalecer e detalhar os direitos e garantias estabelecidos na legislação fundamental do país. Dentre essas leis, destacam-se aquelas que tratam especificamente dos direitos das pessoas com deficiência, como a Lei Brasileira de Inclusão da Pessoa com Deficiência (Lei nº 13.146/2015), conhecida como Estatuto da Pessoa com Deficiência, que estabelece diretrizes e normas para a promoção da inclusão e da acessibilidade em diversos setores da sociedade, incluindo a educação.

Essas leis complementares reforçam o compromisso do Estado brasileiro com a promoção da inclusão e da igualdade de oportunidades para as pessoas com autismo e outras necessidades especiais. Elas estabelecem diretrizes claras para a implementação de políticas públicas e ações afirmativas destinadas a assegurar o pleno exercício dos direitos dessas pessoas em todos os aspectos da vida social, econômica e política do país. Assim, ao garantir o acesso à educação especializada e ao estabelecer medidas de inclusão e acessibilidade, o Estado cumpre sua missão de promover uma sociedade mais justa, solidária e inclusiva para todos os seus cidadãos.

2.2 Lei Berenice Piana

O reconhecimento legal dos direitos das pessoas com TEA representou uma conquista significativa não apenas em termos jurídicos, mas também em termos sociais e políticos, evidenciando o poder da mobilização e da ação coletiva na promoção da inclusão e da dignidade humana.

Essa vitória foi resultado de um esforço conjunto de pais dedicados, muitas vezes enfrentando batalhas emocionais e burocráticas em nome de seus filhos legalmente vulneráveis. Foi através de sua persistência, coragem e determinação que o panorama jurídico e social em relação ao TEA começou a mudar no Brasil. Apesar do tempo decorrido e das dificuldades enfrentadas ao longo do caminho, a concessão dos direitos dos autistas representou um marco histórico na luta pelos direitos das pessoas com deficiência no país, demonstrando que a mudança é possível quando há compromisso, solidariedade e ação coletiva em prol de uma sociedade mais justa e inclusiva para todos.

A ausência de reconhecimento do autismo como uma deficiência resulta em uma série de desafios financeiros, emocionais e práticos para essas famílias, que frequentemente se veem lutando para acessar recursos e serviços essenciais para garantir o bem-estar e desenvolvimento de seus filhos e muitas vezes não conseguiam.

Essa situação gera uma profunda indignação por parte dos pais, que sentem que suas crianças estão sendo desrespeitadas e negligenciadas pelo Estado e pela sociedade como um todo. Ao verem suas necessidades e as de seus filhos desconsideradas e marginalizadas, esses pais são impulsionados por um sentimento de injustiça e frustração.

As reais necessidades dos autistas, que podem incluir suporte terapêutico, educacional e médico especializado, são equiparáveis às de uma pessoa com deficiência, e deveriam receber o apoio e a proteção merecidos. No entanto, a falta de reconhecimento do autismo como uma deficiência impede que essas famílias acessem os recursos e benefícios sociais necessários para enfrentar os desafios que enfrentam.

Berenice Piana é mãe de uma criança autista, destacou-se como uma voz incansável na luta pelos direitos das pessoas com autismo. Enfrentou desafios e obstáculos em sua jornada para garantir que seu filho e outros indivíduos com autismo tivessem seus direitos reconhecidos e protegidos pela legislação.

Essa dedicação e empenho finalmente resultaram em uma conquista significativa, a Lei 12.763/2012, que reconheceu oficialmente as pessoas com autismo como deficientes. Essa legislação ficou conhecida como Lei Berenice Piana, em homenagem à mãe que dedicou sua vida à causa e lutou incansavelmente pelos direitos de seu filho e de outros indivíduos com autismo.

O reconhecimento oficial do autismo como uma deficiência foi o resultado de anos de luta, conscientização e mobilização por parte desses pais e de organizações da sociedade civil. Essa conquista não apenas trouxe mudanças significativas no cenário legal, mas também gerou um impacto positivo na conscientização pública e na promoção da inclusão e dos direitos das pessoas com autismo.

A homenagem à Berenice Piana através da Lei que leva seu nome é um testemunho do poder e da importância da abnegação dos pais na defesa das necessidades de seus filhos e na transformação do sistema para garantir justiça e igualdade para todos. Essa lei simboliza não apenas uma conquista legal, mas também um símbolo de esperança e empoderamento para as famílias e indivíduos com autismo em todo o país.

A Lei Berenice Piana, Lei 12.764/2012, é uma lei bem curta, tem apenas 8 (oito) artigos, mas de forma grandiosa institui a Política Nacional de Proteção dos Direitos da Pessoa com Transtorno do Espectro Autista; e altera o § 3º do art. 98 da Lei nº 8.112, de 11 de dezembro de 1990.

2.3 Estatuto da Pessoa Com Deficiência

O Estatuto da Pessoa com Deficiência, Lei nº 13.146, de 6 de julho de 2015, representa um marco importante na legislação brasileira ao estabelecer diretrizes e garantias fundamentais para as pessoas com deficiência. Entre os princípios fundamentais que regem esse estatuto, destacam-se a igualdade e a não discriminação, os quais se alinham diretamente com as demandas e lutas travadas pela comunidade autista.

Esses dois princípios são de extrema relevância para os autistas, uma vez que enfrentam desafios significativos decorrentes da falta de compreensão e conscientização por parte da sociedade. A ignorância em relação ao autismo frequentemente leva a estereótipos, preconceitos e discriminação, afetando não apenas a vida cotidiana dos autistas, mas também suas oportunidades de educação, emprego, saúde e participação social.

Ao reconhecer a igualdade e a não discriminação como pilares fundamentais, o Estatuto da Pessoa com Deficiência reforça a necessidade de promover a inclusão e a acessibilidade para todas as pessoas, independentemente de suas condições individuais. Isso implica em garantir o respeito aos direitos humanos e a plena participação na sociedade, sem discriminação de qualquer natureza.

Nesse contexto, a legislação desempenha um papel crucial na promoção da conscientização e na proteção dos direitos das pessoas com autismo. Além de estabelecer diretrizes para a eliminação de barreiras físicas, arquitetônicas, comunicacionais e atitudinais, o Estatuto da Pessoa com Deficiência busca fomentar uma cultura de respeito, inclusão e valorização da diversidade, contribuindo para a construção de uma sociedade mais justa, igualitária e solidária para todos os seus membros.

O Estatuto da Pessoa com Deficiência desempenha um papel fundamental na proteção dos direitos das pessoas com autismo e outras deficiências, garantindo que elas não sejam alvo de discriminação e que possam desfrutar plenamente de sua participação na sociedade. Ao reconhecer a igualdade de direitos e oportunidades para todas as pessoas, independentemente de suas condições individuais, o Estatuto visa assegurar que os autistas sejam tratados com dignidade e respeito, tendo acesso aos mesmos benefícios e oportunidades que qualquer outra pessoa.

Essa legislação é especialmente relevante para o TEA, uma vez que as pessoas com autismo são consideradas portadoras de uma deficiência nos termos do Estatuto. Isso significa que elas têm direito à proteção e aos benefícios previstos na legislação destinada às pessoas com deficiência, incluindo medidas de acessibilidade, inclusão social e apoio específico para suas necessidades individuais.

Ao reconhecer a importância da dignidade humana, o Estatuto da Pessoa com Deficiência reforça a ideia de que todas as pessoas, independentemente de suas diferenças, merecem ser tratadas com respeito e consideração. Isso inclui o direito a uma vida plena e autônoma, com acesso a serviços de saúde, educação, trabalho e lazer, bem como a oportunidade de contribuir para a sociedade de acordo com suas habilidades e interesses.

Portanto, o Estatuto da Pessoa com Deficiência desempenha um papel crucial na garantia dos direitos das pessoas com autismo, assegurando que elas não sejam discriminadas e que possam desfrutar de uma vida digna e inclusiva. Ao proteger esses direitos fundamentais, o Estatuto contribui para a construção de uma sociedade mais justa, solidária e igualitária para todos os seus membros, independentemente de suas capacidades ou limitações.

Ao analisar superficialmente o Estatuto da Pessoa com Deficiência, pode causar estranheza o fato de que ele estabelece que a pessoa com deficiência é plenamente capaz. Essa percepção pode surgir da interpretação equivocada de que uma pessoa com deficiência, como o autista, pode não alcançar a capacidade plena, tal como é esperado ao completar

18 anos de idade. No entanto, é importante compreender que o termo "plenamente capaz" utilizado no estatuto não se refere necessariamente à capacidade cognitiva ou funcional da pessoa, mas sim ao reconhecimento de sua dignidade, autonomia e direitos como indivíduo.

Essa abordagem do estatuto reflete uma mudança de paradigma em relação à concepção anterior de incapacidade, que muitas vezes estigmatizava e marginalizava as pessoas com deficiência. Ao reconhecer que a capacidade plena não deve ser medida apenas com base em critérios normativos tradicionais, o estatuto promove uma visão mais inclusiva e respeitosa da diversidade humana.

No caso do autismo, essa perspectiva é especialmente relevante, pois reconhece que as pessoas autistas têm habilidades e potenciais únicos, mesmo que possam enfrentar desafios específicos em áreas como comunicação e interação social. Portanto, ao considerar o autismo dentro do contexto do Estatuto da Pessoa com Deficiência, é importante entender que a capacidade plena se refere à capacidade de exercer direitos e tomar decisões com autonomia e dignidade, independentemente das características individuais ou das limitações percebidas.

Essa abordagem visa promover a inclusão e o empoderamento das pessoas autistas, garantindo que elas sejam reconhecidas como membros plenos da sociedade, com direito a participar ativamente da vida comunitária e a desfrutar de todos os benefícios e oportunidades disponíveis. Ao desafiar concepções antiquadas de incapacidade, o Estatuto da Pessoa com Deficiência contribui para a construção de uma sociedade mais justa, inclusiva e respeitosa para todos os seus membros, independentemente de suas diferenças individuais.

As pessoas autistas merecem e precisam de proteções específicas perante a sociedade devido às suas particularidades e limitações, mesmo que sejam plenamente capazes de participar ativamente de suas vidas civis e tomar decisões autônomas. É importante reconhecer que o autismo pode apresentar desafios significativos em áreas como comunicação, interação social e processamento sensorial, o que pode impactar a maneira como essas pessoas vivenciam o mundo ao seu redor. No entanto, isso não diminui sua capacidade de agir com autonomia e tomar decisões que afetam suas vidas.

No contexto do Estatuto da Pessoa com Deficiência, a noção de deficiência se estende além das limitações físicas, englobando também as limitações mentais e cognitivas. Assim, uma pessoa considerada deficiente de acordo com o estatuto pode ser plenamente capaz em muitos aspectos, mas ainda enfrentar obstáculos em sua interação com a sociedade devido às suas limitações específicas.

Portanto, o estatuto reconhece que as pessoas com deficiência, incluindo aquelas com autismo, devem ter acesso a proteções e recursos que lhes permitam igualdade de oportunidades e participação plena na vida social, econômica e cultural. Isso inclui o direito a adaptações razoáveis, apoio individualizado e medidas de acessibilidade que ajudem a mitigar as barreiras que possam enfrentar em seu ambiente.

Ao garantir essas proteções e promover a inclusão das pessoas autistas e de outras pessoas com deficiência, o estatuto busca assegurar que todos os membros da sociedade tenham a oportunidade de contribuir plenamente e serem valorizados por suas habilidades e contribuições únicas. Essa abordagem não apenas respeita a dignidade e os direitos das pessoas autistas, mas também enriquece a sociedade como um todo, ao reconhecer e valorizar a diversidade de suas experiências e perspectivas.

Pessoas que possuem alguma forma de deficiência frequentemente enfrentam desafios em suas interações com aqueles considerados "normais" pela sociedade. Essas dificuldades podem surgir devido à falta de compreensão, preconceito ou barreiras físicas e sociais que limitam sua participação plena na vida comunitária. É por isso que é essencial garantir que todas as pessoas com deficiência sejam tratadas com igualdade e respeito, e que suas necessidades individuais sejam atendidas de maneira inclusiva.

O Estatuto da Pessoa com Deficiência representa um avanço significativo nesse sentido, ao estabelecer diretrizes e garantias para a inclusão e participação plena das pessoas com deficiência na sociedade. Ao reconhecer e equiparar os direitos das pessoas com deficiência, o estatuto busca garantir que todos tenham liberdade e dignidade perante a sociedade, independentemente de suas habilidades ou limitações.

Essa abordagem visa a superar o estigma e a marginalização que historicamente acompanharam as pessoas com deficiência, as quais, no passado, muitas vezes eram relegadas ao isolamento e à exclusão social. Ao promover a inclusão e a acessibilidade em todos os aspectos da vida, incluindo saúde, educação e emprego, o estatuto busca assegurar que as pessoas com deficiência tenham as mesmas oportunidades e direitos que os demais membros da sociedade.

Dessa forma, o estatuto não apenas protege os direitos das pessoas com deficiência, mas também promove uma mudança cultural e social que reconhece e valoriza a diversidade humana em todas as suas formas. Ao garantir que ninguém seja deixado para trás, o estatuto contribui para a construção de uma sociedade mais justa, inclusiva e solidária, onde todos possam viver com liberdade, dignidade e igualdade de oportunidades.

A inclusão de pessoas com deficiência, incluindo aquelas TEA, não deve ser encarada como uma responsabilidade exclusiva delas próprias. Pelo contrário, é dever da sociedade como um todo garantir que essas pessoas sejam plenamente incluídas e tenham seus direitos fundamentais respeitados. Esse princípio é fundamental para o Estado de Direito, que busca garantir a igualdade de todos perante a lei e promover uma sociedade justa e inclusiva.

Ao colocar a responsabilidade pela inclusão nas mãos da sociedade, reconhecemos que a exclusão e a discriminação contra pessoas com deficiência não são apenas questões individuais, mas problemas sistêmicos que exigem uma resposta coletiva. É necessário que haja políticas públicas eficazes, programas de conscientização e medidas de acessibilidade que garantam que as pessoas com deficiência possam participar plenamente da vida social, econômica e cultural.

Além disso, é importante destacar que a inclusão não se resume apenas à eliminação de barreiras físicas ou arquitetônicas, mas também envolve a promoção de uma cultura de respeito, aceitação e valorização da diversidade humana. Isso significa reconhecer e valorizar as contribuições únicas que cada pessoa, incluindo aquelas com deficiência, pode oferecer à sociedade.

Portanto, ao adotar uma abordagem centrada na inclusão, a sociedade não apenas cumpre seu dever ético e moral, mas também fortalece sua coesão e resiliência, ao reconhecer e celebrar a diversidade como um de seus principais ativos. Essa abordagem não apenas beneficia as pessoas com deficiência, mas enriquece a sociedade como um todo, ao promover uma cultura de igualdade, respeito e solidariedade.

A luta pela inclusão e reconhecimento dos direitos das pessoas com Transtorno do Espectro Autista (TEA) no Brasil é marcada por uma trajetória de desafios, mobilização e conquistas significativas. Por muitos anos, a ausência de um marco legal deixou os autistas e suas famílias em uma situação de vulnerabilidade, enfrentando dificuldades no acesso a serviços essenciais e na garantia de seus direitos fundamentais. No entanto, graças à determinação incansável de pais, profissionais, organizações da sociedade civil e pessoas com TEA, esse cenário começou a mudar.

A Constituição Federal de 1988 estabeleceu os fundamentos para a proteção dos direitos fundamentais de todos os cidadãos, incluindo aqueles com deficiência, reconhecendo a igualdade perante a lei como um princípio fundamental. Além disso, a Lei Berenice Piana e o Estatuto da Pessoa com Deficiência representam marcos importantes na legislação brasileira, garantindo direitos específicos para as pessoas com TEA e outras deficiências. Essas leis, juntamente com outras disposições legais, visam promover a inclusão, a acessibilidade e a proteção dos direitos das pessoas com autismo em todas as esferas da vida.

A abordagem do Estatuto da Pessoa com Deficiência, ao reconhecer a capacidade plena das pessoas com deficiência, incluindo aquelas com autismo, representa uma mudança de paradigma que valoriza a diversidade humana e promove uma cultura de inclusão e respeito. Ao garantir que todos os membros da sociedade tenham igualdade de oportunidades e participação plena, independentemente de suas capacidades ou limitações, o estatuto contribui para a construção de uma sociedade mais justa, solidária e inclusiva para todos.

Portanto, a promulgação de leis como a Lei Berenice Piana e o Estatuto da Pessoa com Deficiência não apenas reconhece os direitos das pessoas com autismo, mas também representa um compromisso do Estado brasileiro em garantir a igualdade, a dignidade e o respeito de todos os seus cidadãos. Essas leis são um testemunho do poder da mobilização e da ação coletiva na promoção da inclusão e dos direitos das pessoas com autismo, oferecendo esperança e empoderamento para as famílias e indivíduos afetados em todo o país.

2.4 Lei Romeo Mion

A busca por inclusão e igualdade de oportunidades para todas as pessoas, independentemente de suas condições, tem sido acompanhada pelo desenvolvimento de legislação específica destinada a salvaguardar os direitos das pessoas com necessidades especiais. Esse movimento tem sido especialmente perceptível no contexto dos portadores do TEA, onde a conscientização e a luta por direitos têm gerado um notável crescimento na legislação voltada para essa comunidade. No entanto, apesar dos avanços legislativos, a aplicação efetiva dessas leis tem encontrado desafios significativos em diversas áreas, incluindo a educação, saúde, assistência social e mercado de trabalho.

A nova legislação aplicável aos portadores de TEA tem gerado debates e impasses em diferentes esferas da sociedade. Em particular, a implementação dessas leis tem sido objeto de discussão e adaptação nos sistemas educacionais, de saúde e de assistência social, onde são necessárias medidas específicas para garantir a inclusão e o acesso pleno aos direitos dessas pessoas. Além disso, questões relacionadas à inserção no mercado de trabalho e à garantia de igualdade de oportunidades ocupacionais também têm sido temas de destaque nesse contexto.

Apesar dos desafios enfrentados, a nova legislação voltada para os portadores de TEA tem demonstrado ser benéfica, proporcionando uma base legal sólida para a proteção e promoção dos direitos dessas pessoas. A legislação tem um papel fundamental na promoção da inclusão e na construção de uma sociedade mais justa e igualitária para todos os seus membros, independentemente de suas condições individuais.

A promulgação da Lei nº 13.977/2020, popularmente conhecida como Lei Romeu Mion, marcou um avanço significativo na proteção e reconhecimento dos direitos das pessoas com TEA no Brasil. Esta legislação introduziu a criação da Carteira de Identificação da Pessoa com Transtorno do Espectro Autista (Ciptea), um documento que visa facilitar o acesso a direitos e serviços específicos para indivíduos com TEA.

O dispositivo legal referente à Ciptea pode ser encontrado no artigo 3º, na seção dedicada às disposições relativas às Pessoas com Deficiência. Essa iniciativa legislativa representa um marco importante na garantia dos direitos das pessoas com TEA, pois reconhece suas necessidades específicas e busca promover sua inclusão e acessibilidade em diferentes aspectos da vida social.

A criação da Ciptea tem como objetivo principal proporcionar às pessoas com TEA um instrumento oficial que ateste sua condição e facilite o acesso a serviços e benefícios específicos, tais como atendimento prioritário em estabelecimentos públicos e privados, descontos em eventos culturais e esportivos, e outras medidas de inclusão social.

Além disso, a instituição da Ciptea reflete uma maior conscientização e sensibilização da sociedade em relação ao TEA, destacando a importância de medidas concretas para assegurar o pleno exercício dos direitos dessas pessoas. Essa iniciativa legal também demonstra o compromisso do Estado brasileiro em promover a inclusão e garantir a dignidade e o bem-estar das pessoas com TEA, contribuindo para a construção de uma sociedade mais justa, igualitária e inclusiva para todos os seus membros.

A garantia dos direitos fundamentais das pessoas com TEA demanda uma atuação proativa por parte do Estado, visando à efetivação das normas brasileiras que regulamentam essa condição. A mera existência de disposições legais não é suficiente para prevenir atos discriminatórios, é necessário que haja medidas concretas para assegurar o pleno exercício desses direitos e combater qualquer forma de discriminação.

As normas legais que abordam o TEA têm implicações jurídicas significativas, pois estabelecem direitos e deveres que devem ser observados por toda a sociedade. No entanto, é crucial reconhecer que a simples existência dessas leis não garante automaticamente a sua aplicação efetiva e o respeito aos direitos das pessoas com TEA. É preciso que haja uma fiscalização adequada, bem como mecanismos eficazes de punição para aqueles que violarem essas normas.

Nesse sentido, é fundamental que o Estado adote medidas para promover a conscientização e a educação sobre o TEA, tanto entre os profissionais de saúde e educação quanto na sociedade em geral. Além disso, é necessário fortalecer os órgãos responsáveis pela proteção dos direitos das pessoas com TEA, garantindo-lhes os recursos e a autonomia necessários para desempenhar suas funções de forma eficaz.

A aplicação das consequências previstas na lei para atos discriminatórios é essencial para garantir a efetividade das normas de proteção aos direitos das pessoas com TEA. Isso inclui a responsabilização daqueles que praticam a discriminação, bem como a reparação dos danos causados às vítimas. Somente através de uma atuação enérgica e comprometida do Estado será possível assegurar que os direitos fundamentais das pessoas com TEA sejam respeitados e protegidos em toda a sua plenitude.

CONCLUSÃO

A legislação e as políticas públicas desempenham um papel crucial na proteção e promoção dos direitos das pessoas com Transtorno do Espectro Autista (TEA). Apesar dos avanços significativos alcançados, os desafios persistem devido à falta de compreensão e visibilidade das necessidades específicas desses indivíduos. A desqualificação errônea e a falta de acesso a serviços adequados contribuem para sua marginalização e estigmatização na sociedade.

A ratificação da Convenção sobre os Direitos da Pessoa com Deficiência e a promulgação da Lei Berenice Piana representam marcos importantes no reconhecimento legal e na proteção dos direitos das pessoas com TEA no Brasil. No entanto, o intervalo de tempo entre esses eventos evidencia a complexidade do processo legislativo e a necessidade de um amplo debate público sobre a questão do TEA.

A Política Nacional de Proteção dos Direitos da Pessoa com TEA, prevista na Lei Berenice Piana, estabelece diretrizes cruciais para garantir a inclusão e o pleno exercício dos direitos desses indivíduos. Destaca-se a importância do Estado em promover medidas afirmativas, capacitar profissionais e fomentar a pesquisa para desenvolver estratégias eficazes de intervenção e apoio.

A aprovação dessa política reflete um avanço significativo na legislação brasileira, reafirmando o compromisso do Estado em garantir a dignidade, igualdade e inclusão das pessoas com TEA na sociedade. No entanto, é fundamental continuar avançando na implementação efetiva dessas diretrizes para garantir uma verdadeira inclusão e igualdade para todos os indivíduos com TEA.

REFERÊNCIAS BIBLIOGRÁFICAS

BRASIL. Senado Federal. Constituição Federal de 1988. Brasília, 1988. Disponível em: http://www.planalto.gov.br/ccivil_03/_ato2019-2022/2019/lei/L13861.htm. Acesso em: 05 a 13 mar. 2024.

BRASIL. Lei nº 12.764, de 27 de dezembro de 2012. Institui a Política Nacional dos Direitos da Pessoa com Transtorno do Espectro Autista. Disponível em: http://www.planalto.gov.br/ccivil_03/_ato2019-2022/2019/lei/L13861.htm. Acesso em: 05 a 13 mar. 2024.

BRASIL. Lei nº 13.861, de 18 de julho de 2019. Altera a Lei nº 7.853, de 24 de outubro de 1989, para incluir as especificidades inerentes ao transtorno do espectro autista nos censos demográficos. Diário Oficial da União, de 18/07/2092. Brasília, DF. Disponível em: http://www.planalto.gov.br/ccivil_03/_ato2019-2022/2019/lei/L13861.htm. Acesso em: 05 a 13 mar. 2024.

BRASIL. Política Nacional para a Integração da Pessoa Portadora de Deficiência. Lei n. 7.853, de 24 de outubro de 1989. Disponível em: http://www.planalto.gov.br/ccivil_03/Leis/L7853.htm. Acesso em: 05 a 13 mar. 2024.

BRASIL. Senado Federal. Lei Romeo Mion cria carteira para pessoas com Transtorno do Espectro Autista. Lei 13.977 de 8 de janeiro de 2020. Disponível em: https://www12.senado.leg.br/noticias/materias/2020/01/09/lei-romeo-mion-criacarteira-para-pessoas-com-transtorno-do-espectro-autista Acesso em: 05 a 13 mar. 2024.

FUNDAÇÃO JOSÉ LUIZ EGYDIO SETUBAL. *Autismo e Realidade. Convivendo com o TEA – Leis e Direitos.* Disponível em: https://autismoerealidade.org.br/convivendo-com-o-tea/leis-e-direitos/. Acesso em: 05 a 13 mar. 2024.

LIMA, Simone da Silva Costa. *Proteção ao direito do TEA* (transtorno do espectro autista). Disponível em: https://repositorio.uniceub.br/jspui/bitstream/prefix/16368/1/21502310.pdf. Acesso em: 05 a 13 mar. 2024.

LOPES, Rosalia Maria de Rezende. REZENDE, Paulo Izidio da Silva. O direito da pessoa com Transtorno do Espectro Autismo (TEA). *Revista Científica Multidisciplinar Núcleo do Conhecimento.* Ano 06, Ed. 05, Vol. 13, pp. 65-82. Maio de 2021. ISSN: 2448-0959. Disponível em: https://www.nucleodoconhecimento.com.br/lei/espectro-autismo. Acesso em: 05 a 13 mar. 2024.

MEIRELLES, Elisa. *Inclusão de autistas, um direito que agora é lei.* Disponível em: https://novaescola.org.br/conteudo/57/legislacao-inclusao-autismo. Acesso em: 05 a 13 mar. 2024.

MELO, Mariana Lourenço. *O direito e o autismo:* uma análise a luz do princípio da igualdade material. Disponível em: https://repositorio.pucgoias.edu.br/jspui/bitstream/123456789/6136/1/A07-ARTIGO%20CIENTIFICO%20MARIANA%20LOUREN%c3%87O%20MELO.pdf. Acesso em: 05 a 13 mar. 2024.

RODRIGUES, Raissa Gomes & SILVA, Thainara Soares da. *Autismo e o direito:* proteção jurídica à indivíduos portadores de transtorno do espectro autista (TEA). Disponível em: https://revistaft.com.br/autismo-e-o-direito-protecao-juridica-a-individuos-portadores-de-transtorno-do-espectro-autista-tea/. Acesso em: 05 a 13 mar. 2024.

UNICEF. Convenção dos direitos da pessoa com deficiência. Disponível em: https://www.unicef.org/brazil/convencao-sobre-os-direitos-das-pessoas-comdeficiencia. Acesso em: 05 a 13 mar. 2024.

SOBRE O AUTOR DO TEXTO

GUTENBERG DE OLIVEIRA PEREIRA

gutenbergpereira.adv

Aponte o seu celular para o QR Code e veja mais.

Bacharel em Direito pela Universidade de Fortaleza – UNIFOR; Advogado Colaborativo certificado pelo Instituto Brasileiro de Práticas Colaborativas – IBPC; Especialista em Direito do Consumidor pela Faculdade Verbo Educacional; Especialista em Conciliação e Mediação Extrajudicial pelo Centro de Mediadores Instituto de Ensino; Especialista em Gestão de Conflitos e Governança nas Organizações pela FBUNI; Especialista em Constelação Familiar Sistêmica pelo Instituto Pedagógico Brasileiro, Mediador e Conciliador Extrajudicial certificado pelo Instituto de Mediação e Conciliação do Ceará – IMECC; Conciliador Judicial certificado pelo Tribunal de Justiça do Estado do Ceará – TJCE, Especialista em Direito Religioso pela Universidade Evangélica de Goiás.

AUTISMO E INCLUSÃO TAMBÉM SE APRENDEM NA ESCOLA

Esly Pedrosa (*)

A escola, sem dúvida, é um espaço incrível, repleto de estímulos essenciais para o desenvolvimento humano. É onde temos a oportunidade das primeiras compreensões sobre nós mesmos, sobre os outros, e onde fazemos descobertas fundamentais sobre as estruturas da vida. Na educação infantil, experimentamos o novo, despertamos para as primeiras curiosidades e nos encantamos com o processo de aprender e fazer. O olhar do educador é fundamental nesse processo. O cuidado minucioso em perceber as habilidades e o desenvolvimento dos educandos em sua individualidade é crucial. É através dessa sensibilidade que o professor identifica os primeiros sinais de um desenvolvimento atípico.

O conhecimento permite aos educadores identificar quando o desenvolvimento infantil não está ocorrendo conforme o esperado. Por isso, é essencial que a escola invista em informação, capacitações e formação continuada de sua equipe, para que os profissionais estejam atentos e capacitados.

Muitas vezes, o primeiro contato de famílias com o autismo acontece na escola. É nesse ambiente que alertas e queixas são feitas e, embora seja uma notícia angustiante para os pais, é o primeiro passo importante em busca do desenvolvimento da criança. "O autismo é parte de quem somos, não algo a ser 'curado'. Entender isso é essencial para a verdadeira aceitação e inclusão." (**SILBERMAN 2015**)

(*) Graduada e Pós-Graduada em pedagogia/psicopedagogia, e especialista em autismo e transtornos do neurodesenvolvimento. Profissional referência em educação e atendimento psicopedagógico, fundadora do projeto social SOS Autismo.

Compartilhar informações sobre o autismo com as famílias envolve muita responsabilidade, conhecimento, acolhimento e, principalmente, empatia. É necessário construir espaços inclusivos, acolhedores e adaptados, repletos de conhecimento e humanidade, para oferecer à criança oportunidades de aprendizado.

A escola é um lugar de crescimento, habilidades e construção, experiências que estarão interligadas por toda a vida do indivíduo e não devem ser direitos exclusivos de alguns. Adaptar as escolas para crianças autistas não beneficia apenas elas, mas também é uma excelente abordagem para formar cidadãos mais compreensivos, empáticos, generosos e inclusivos.

A escola deve mediar esse processo de aprendizagem da criança, oferecendo suporte para facilitar seu desenvolvimento. Não podemos esquecer que muitas de nossas ações não estarão nos manuais, mas é essencial exercer a afetividade e a compreensão em cada interação.

Ao receber uma criança autista estaremos recebendo uma família que enfrenta suas lutas diárias, é muito importante fortalecer a parceria e adaptação de todos na participação educacional."O autismo não é uma 'condição', mas sim um estado natural da existência humana, tão legítimo e valioso quanto qualquer outro." – Stuart Duncan, fundador da"Autism Awareness Month". As escolas carregam históricos emocionantes sobre autismo, a superação de crianças e famílias que se deparam com o desafio tão grande de incertezas.

Lembro-me dos olhos banhados de lágrimas de muitas mães ouvindo alertas e observações feitas sobre o desenvolvimento das crianças e as sensações das suas devolutivas – permanecem em minha memória. Também recordo choro de alegria e a celebração de educadores e familiares em cada objetivo alcançado e superado, na emoção de presenciar a primeira palavra, a primeira escrita, a primeira leitura.

Quanto mais a escola tem conhecimento a respeito do transtorno do espectro autista, melhor será a sua conduta na escuta, abordagem e metodologia para oferecer as suas crianças e famílias."O autismo é uma maneira diferente de ser. Não é melhor nem pior, apenas diferente." Stephanie S. **TOLAN (2011)**, a autora e defensora da neurodiversidade.

Por isso, entender que cada criança autista é única nas adaptações e nos planos educacionais e individualizados pode fazer total diferença no desempenho escolar.

Ensinar as crianças sobre incluir é um dos ensinamentos mais nobres sobre a vida. Acolher o outro, as diferenças, se adaptar diante das dificuldades e necessidades também deve estar nos nossos currículos de ensino, empatia e bondade também se ensina.

A inclusão de fato é quando todos os envolvidos têm a mesma oportunidade de aprendizado, estar no mesmo ambiente não é o suficiente para a criança fazer parte dele, é preciso criar estratégias de ensino acessíveis as diversas compreensões.

A escola não possui receitas mágicas, ela é feita de esforços e esperança para braveza em enfrentar o peso dos desafios, porém espera-se encolher resultados almejados. Escolas inclusivas podem abrir caminhos para a qualidade de vida de crianças autistas ajudando-as a exercer um direito que já é delas.

É fundamental incorporar sensibilidade e estratégias para adaptar os planos de ensino e a rotina diária das crianças autistas. Os educadores devem compreender que os alunos não estão limitados apenas aos cadernos e lápis, e que aprender não se restringe a uma única forma. A escola deve reconhecer suas crianças para além de suas dificuldades; é necessário acreditar em suas capacidades e fortalecê-las."No mundo do autismo, os indivíduos podem brilhar com força própria, quando lhes é dada a chance de fazerem isso." (**DEVINE 2014**).

A educação possui o poder de transformação, e a inclusão deve ser alcançada por meio dela. Permitir que cada criança tenha seu espaço e que nossas diferenças não diminuam o valor de quem somos. Devemos priorizar o ensino da empatia e do respeito com a mesma dedicação que buscamos alcançar resultados positivos nas disciplinas oferecidas aos nossos alunos. O autismo tem seu espaço legítimo na escola quando asseguramos que as crianças tenham seus direitos garantidos e que suas oportunidades de desenvolvimento não sejam negligenciadas. A inclusão de crianças com transtorno do espectro autista nas escolas não deve ser vista apenas como um dado estatístico do sistema educacional, mas sim como uma questão de experiências individuais e garantias fundamentais para uma vida plena.

Sobre esse ponto, é imprescindível mencionar o caso de Gustavo. Estávamos em 2015 quando uma mãe chegou até nós com um laudo recente em mãos. Suas mãos tremiam e sua voz estava embargada ao realizar a matrícula escolar. Gustavo foi diagnosticado com TEA aos dois anos e meio e, seguindo orientações, era hora de iniciar suas vivências e estímulos dentro de uma rotina educacional. Ao receber Gustavo, estávamos acolhendo não apenas o aluno, mas toda uma família que enfrentava os desafios da descoberta do autismo. Lembro-me vividamente do abraço forte daquela mãe e da importância de ouvi-la e acolhê-la naquele momento tão delicado. O olhar de Gustavo para nós, mesmo sem desenvolver a fala, foi suficiente para nos mostrar que era necessário abrir novos caminhos, nos adaptarmos e, juntos, descobrirmos possibilidades para o seu desenvolvimento.

Utilizamos uma ampla gama de recursos pedagógicos para desenvolver as habilidades de Gustavo. No entanto, é crucial destacar que não devemos esquecer os momentos em que oferecemos apoio emocional, sendo o colo, a calmaria, a paciência e a esperança. Os desafios eram constantes, mas cada avanço em direção aos nossos objetivos era motivo de celebração.

A inclusão promovida por seus colegas, através de estímulos e atividades que fortaleciam a empatia e a boa convivência, foi essencial. Ensinamos às crianças que somos mais do que simples rótulos, que independentemente de nossas características e diferenças, merecemos ser respeitados por quem somos. O ensino do respeito ao colega nos momentos de crise e a orientação sobre como se comportar diante dessas situações foram de extrema importância para a compreensão do autismo.

Adaptar algumas brincadeiras não foi um sacrifício, mas sim uma oportunidade para que as crianças desenvolvessem a capacidade de entender e atender às necessidades dos outros."A neurodiversidade é o reconhecimento de que os diferentes cérebros são apenas isso – diferentes, e não'deficientes'" (**ARMSTRONG 2012**). Em muitos momentos, como educadores, não precisamos recorrer apenas ao conhecimento adquirido em nossas graduações; foi necessário também sermos empáticos e cuidarmos uns dos outros.

Alguns dias pareciam fáceis, enquanto em outros tínhamos a sensação de começar do zero, mas desistir nunca esteve em nossos planos. O comprometimento da mãe e sua determinação nos motivavam a continuar lutando juntos. Conforme o ano letivo avançava, muitas habilidades foram conquistadas, mas uma em particular marcou nossas vidas profundamente: ouvir a fala de Gustavo pela primeira vez, quando ele disse "Tia!", nos fez perceber que é possível superar desafios com amor e determinação.

A escola não é apenas um local de aprendizado acadêmico, mas também um lugar onde se aprende sobre a vida, suas inúmeras formas e possibilidades. Devemos garantir que nossas escolas tenham espaço para crianças como Gustavo, Mário, Hélio e tantos outros, para que as crianças do espectro autista tenham a oportunidade de serem compreendidas e tenham acesso à educação inclusiva. Afinal, a educação é um direito de todas as crianças, e permitir esse acesso é abrir as portas para resultados surpreendentes.

REFERÊNCIAS BIBLIOGRÁFICAS

ARMSTRONG, T. (2012). *Neurodiversity in the Classroom:* Strength-Based Strategies to Help Students with Special Needs Succeed in School and Life. ASCD.

DEVINE, A. (2014). *Colour Coding for Learners with Autism:* A Resource Book for Creating Meaning through Colour at Home and School. Jessica Kingsley Publishers.

SILBERMAN, S. (2015). *NeuroTribes:* The Legacy of Autism and the Future of Neurodiversity. Penguin Books.

TOLAN, S. S. (2011). *Welcome to the Autistic Community.* In L. NAVAH & C. R. CURTIS (Eds.), The Autism Acceptance Book: Being a Friend to Someone with Autism (pp. 35–37). Watering Can Press.

SOBRE O AUTOR DO TEXTO

ESLY PEDROSA

cearcadenoe

Aponte o seu celular para o QR Code e veja mais.

Nasceu em Itapajé, Ceará, no ano de 1989, casada, filha mais nova do Sr. Luís e Maria Pedrosa. Profissional referência em educação e atendimento psicopedagógico, fundadora do projeto social SOS autismo, que leva informação, atendimento e orientação sobre o transtorno do espectro do autismo. Também é proprietária e gestora do Centro Educacional Arca de Noé. Além disso, é graduada em pedagogia, assim como também é pós graduada em psicopedagogia e especialista em autismo e transtornos do neurodesenvolvimento. Em 2023 recebeu o Prêmio Excelência e o reconhecimento em Itapajé, como a melhor psicopedagoga do ano.

A IMPORTÂNCIA DA INCLUSÃO NO MERCADO DE TRABALHO

Sérgio Tavares (*)

Diversas pesquisas mostram que grande parte da população brasileira com algum tipo de deficiência segue desempregada. Esses mesmos levantamentos concluem que Pessoas com Deficiências cognitivas, como o autismo, são as que mais enfrentam desafios para inclusão no mercado de trabalho.

A neurodiversidade tem origem em 1998, quando foi utilizada pela primeira vez pela socióloga australiana Judy Singer. O termo engloba variações do cérebro humano em relação à sociabilidade, aprendizagem, atenção, humor e outras funções cognitivas. Neste sentido a neurodiversidade envolve uma série de condições como **Transtorno do Espectro Autista (TEA),** Transtorno do Déficit de Atenção com Hiperatividade (TDAH), Dislexia (transtorno que afeta habilidades básicas de leitura e linguagem) e Discalculia (transtorno de aprendizagem que geralmente se manifesta em crianças, pois estão em idade escolar. Elas têm dificuldade para pensar, refletir, avaliar ou raciocinar atividades relacionadas à matemática).

Assim como outras deficiências, no ambiente de trabalho, as pessoas neurodiversas necessitam de adaptações que auxiliem o desempenho de suas atividades e habilidades.

(*) Eng. Industrial Mecânico, Pós-Graduação em Marketing; MBA em Finanças pela FGV e o Programa de Formação de Conselheiros de Administração, pelo IBGC – Instituto Brasileiro de Governança Corporativa. CEO no Grupo Marilan Alimentos e Kellogg's, em países da América Latina (Brasil/Chile).

A estimativa é de que existam 70 milhões de pessoas com autismo no mundo, sendo que 2 milhões delas estão no Brasil e 85% dos adultos com autismo estão desempregados

A inclusão dos autistas nas empresas não é apenas uma questão de justiça social e garantida pela Lei nº 12.764 (*a Lei de Cotas de 2012 que determina a participação mínima para portadores de qualquer deficiência),* mas também uma estratégia inteligente de negócios. À medida que a conscientização sobre o espectro do autismo aumenta, empresas em todo o mundo estão reconhecendo o valor de acolher essa comunidade diversa em seus espaços de trabalho e como consumidores.

Por conta do desconhecimento e preconceito, muitos empregadores não conhecem as características de uma pessoa com autismo. Em geral, pessoas com TEA possuem:

- Alta entrega, até porque se atrasam menos e são mais focados nas atividades;
- Alta motivação com relação às tarefas propostas;
- Alto nível de concentração e atividades que exigem raciocínio lógico;
- Desenvoltura e disposição para trabalhar com rotinas metódicas e repetitivas, que consistem na manutenção de uma rotina;
- Forma diferente de pensar e podem dar respostas que fujam do pensamento comum;
- Forte compromisso com o cumprimento de normas estabelecidas no ambiente de trabalho e padrões bem definidos;
- Habilidades relacionadas a questões lógicas e matemáticas;
- Ótima memória visual e de longo prazo.

Importante ressaltar, que para quem tem o TEA, trabalhar ajuda na melhoria do desempenho cognitivo e garante maior qualidade de vida para o autista e sua família, além de melhorar suas condições financeiras.

Seguem algumas sugestões para garantir a inclusão de pessoas autistas no ambiente de trabalho e pelas quais as empresas podem se tornar mais inclusivas e, ao mesmo tempo, explorar oportunidades de negócios:

1. **Conscientização:** promover e participar de eventos e palestras para estimular diálogos sobre a diversidade auxiliam a lidar com a diferença.
2. **Contratação e Ambiente de Trabalho:** implementar políticas de contratação inclusivas, que seguramente trarão talentos valiosos que muitas vezes são subestimados. Os autistas têm habilidades únicas, como pensamento analítico, atenção aos detalhes e capacidade de concentração, que podem ser incrivelmente vantajosas em muitos setores, como tecnologia, engenharia e finanças. Criar um ambiente de trabalho que valorize a diversidade e ofereça suporte às necessidades individuais dos autistas não só promove a inclusão, mas também impulsiona a criatividade e a inovação dentro da empresa.
3. **Desenvolvimento de Produtos e Serviços:** empresas que consideram as necessidades dos autistas ao desenvolver produtos e serviços não apenas atendem a uma demanda importante, mas também expandem sua base de clientes. Por exemplo, ao projetar aplicativos ou dispositivos eletrônicos, considerar a interface do usuário e torná-la mais amigável para pessoas no espectro do autismo pode resultar em produtos mais acessíveis para todos os consumidores. Da mesma forma, empresas de entretenimento e lazer podem oferecer espaços e atividades que são sensorialmente confortáveis para indivíduos autistas e suas famílias.
4. **Parcerias com Organizações:** estabelecer parcerias com organizações e grupos de autismo não apenas demonstra um compromisso com a inclusão, mas também oferece oportunidades únicas de colaboração e co-criação. Essas parcerias podem envolver desde a consultoria na concepção de produtos e serviços até a realização de eventos e iniciativas comunitárias que promovam a conscientização sobre o autismo e apoiem a comunidade autista.

5. **Preparar Lideranças e Equipes:** todos precisam estar treinados e informados sobre as particularidades do transtorno e as características específicas da pessoa.
6. **Treinamento:** investir em treinamento para colaboradores sobre autismo e neurodiversidade é fundamental para criar um ambiente de trabalho acolhedor e inclusivo. Isso não só promove a compreensão e empatia entre colegas de trabalho, mas também ajuda a melhorar o atendimento ao cliente. Colaboradores treinados estão mais bem equipados para lidar com as necessidades específicas dos clientes autistas, proporcionando uma experiência mais positiva e inclusiva.

Algumas abordagens que seguramente ajudam a convencer os tomadores de decisão na importância de contratarem pessoas autistas:

- **Compartilhar histórias inspiradoras** de sucesso de pessoas autistas que prosperam no ambiente de trabalho, seguramente inspiram os empregadores a acreditar no potencial dessas pessoas;
- **Demonstrar o impacto positivo,** explicando como a inclusão pode enriquecer o ambiente de trabalho, promovendo diversidade e uma cultura mais acolhedora e compreensiva;
- **Enfatizar a lealdade e dedicação,** que resulta em colaboradores altamente comprometidos e produtivos
- **Focar nos benefícios para saúde mental da equipe,** explicando que um ambiente inclusivo melhora a saúde mental e o bem-estar de todos os colaboradores, pois promove aceitação e respeito pelas diferenças;

As empresas que abraçam a inclusão dos autistas, não apenas cumprem um dever social, mas também se posicionam para prosperar em um mundo cada vez mais consciente da importância da diversidade e da igualdade de oportunidades. Ao reconhecer e valorizar as contribuições únicas de todos os membros da sociedade, podemos construir um futuro mais justo, inclusivo e próspero para todos.

SOBRE O AUTOR DO TEXTO

SÉRGIO TAVARES

in sérgio-tavares

Aponte o seu celular para o QR Code e veja mais.

Nasceu em Santos/SP, em 1971. Filho de imigrantes portugueses, trabalhou desde cedo com seu pai em uma Panificadora em sua cidade natal até se graduar em Engenheiro Industrial Mecânico. Durante sua trajetória seguiu seu aperfeiçoamento acadêmico com uma Pós-graduação em Marketing pela ESPM, MBA em Finanças pela FGV e o Programa de formação de Conselheiros de Administração pelo IBGC – Instituto Brasileiro de Governança Corporativa. Ao longo de seu carreira, com atuações bem-sucedidas em processos de turnaround, restruturação organizacional, reposicionamento de marcas, expansão de operações, aquisição de empresas e internacionalização dos negócios como CEO no Grupo Marilan Alimentos e Kellogg's em vários países da América Latina (Brasil/Chile/Equador/Perú e Bolívia), além de várias posições de destaque em companhias de bens de consumo: Mercedes-Benz, Souza Cruz e Natura Cosméticos.

A NEURODIVERSIDADE NO AMBIENTE CORPORATIVO

Leiliane Gonçalves (*)

1. INTRODUÇÃO NEURODIVERSIDADE E AO AUTISMO

A neurodiversidade é um conceito que vem ganhando destaque nas discussões sobre inclusão e diversidade no meio corporativo. Podemos dizer também que se refere à diversidade natural das variações neurológicas humanas. Assim como a biodiversidade se refere à variedade de formas de vida, a neurodiversidade reconhece que cada cérebro é único e funciona de maneira diferente. Refere-se à ideia de que diferenças neurológicas, como o AUTISMO, TDAH, DISLEXIA e outras condições, são variações naturais do cérebro humano, e não patologias que precisam ser corrigidas. Com a crescente valorização da diversidade em todos os seus aspectos, a inclusão de pessoas neurodivergentes no ambiente corporativo tornou-se uma questão crucial para empresas que buscam inovação, criatividade e um ambiente de trabalho mais inclusivo e produtivo.

O Transtorno do Espectro Autista (TEA), é uma condição neurológica caracterizada por desafios na comunicação social e por comportamentos, interesses ou atividades restritos e repetitivos. O termo"espectro"é usado porque a manifestação do autismo pode variar amplamente de pessoa para pessoa. Algumas pessoas autistas podem ter dificuldades significativas na fala e na interação social, enquanto

(*) Graduada em Pedagogia, especialização em Neuropsicopedagia, com Pós-Graduação em Gestão de Pessoas. Tem vasta experiência nas áreas de Educação e Neuropsicopedagogia, dedica-se a promover práticas educacionais inclusivas e eficientes, auxiliando no desenvolvimento cognitivo e emocional de seus alunos.

outras podem ser altamente funcionais, com habilidades excepcionais em áreas específicas. As principais características do autismo incluem:

Dificuldades de comunicação: Pode incluir a ausência ou atraso na fala, dificuldades em manter uma conversa, ou interpretar a linguagem corporal e expressões faciais;

Interesses restritos e comportamentos repetitivos: Adesão a rotinas rígidas, movimentos repetitivos (como balançar-se ou bater palmas) e um foco intenso em tópicos específicos;

Sensibilidade sensorial: Pode incluir hiper ou hipo-sensibilidade a sons, luzes, texturas e outros estímulos sensoriais;

Importância da Inclusão de Pessoas Neurodivergentes no Ambiente Corporativo Incluir pessoas neurodivergentes no ambiente corporativo não é apenas uma questão de justiça social, mas também uma estratégia inteligente de negócios. Empresas que adotam práticas inclusivas se beneficiam de diversas maneiras:

Aumento da Inovação: Pessoas neurodivergentes frequentemente trazem perspectivas únicas e abordagens inovadoras para a solução de problemas. Suas habilidades específicas, como atenção aos detalhes e pensamento lógico, podem contribuir significativamente para a criatividade e inovação dentro da empresa.

Melhoria da Cultura Corporativa: A inclusão promove um ambiente de trabalho mais acolhedor e empático, onde todos os funcionários se sentem valorizados e respeitados. Isso pode aumentar a moral e a satisfação dos funcionários, resultando em maior retenção e produtividade.

Diversidade de Pensamento: A neurodiversidade acrescenta uma camada adicional à diversidade de pensamento dentro da empresa. Diferentes modos de pensar e resolver problemas podem levar a soluções mais robustas e eficazes, beneficiando a empresa como um todo.

Responsabilidade Social: Ao contratar e apoiar pessoas neurodivergentes, as empresas demonstram seu compromisso com a responsabilidade social e a inclusão. Isso pode melhorar a reputação da empresa e atrair clientes e talentos que valorizam a diversidade.

Portanto, a inclusão de pessoas neurodivergentes no ambiente corporativo é uma prática que traz benefícios tanto para os indivíduos quanto para as organizações, promovendo um ambiente mais diversificado, inovador e inclusivo.

Contextualização

Dados sobre a Prevalência do Autismo na População

O Transtorno do Espectro Autista (TEA), é uma condição neurológica que afeta uma parcela significativa da população global. De acordo com estimativas recentes do CDC (Centers for Disease Control and Prevention) dos Estados Unidos, aproximadamente 1 em cada 36 crianças é diagnosticada com TEA. Esses números refletem uma prevalência crescente em relação a décadas anteriores, possivelmente devido a uma maior conscientização e melhores métodos de diagnóstico.

No Brasil, dados específicos sobre a prevalência do autismo ainda são limitados, mas estima-se que cerca de 2 milhões de brasileiros estejam no espectro autista, conforme dados da Organização Mundial da Saúde (OMS) e de organizações locais de apoio ao autismo. Esse número destaca a necessidade urgente de políticas públicas e práticas corporativas que promovam a inclusão e o suporte adequado para pessoas autistas.

2. BENEFÍCIOS DA INCLUSÃO DE PESSOAS AUTISTAS

1. Atenção aos Detalhes:

Habilidade: Muitas pessoas autistas possuem uma capacidade excepcional de prestar atenção a detalhes minuciosos que outras pessoas podem não perceber.

Benefícios para a Empresa: Essa habilidade é extremamente valiosa em áreas que requerem precisão e qualidade, como controle de qualidade, testes de software e revisão de documentos.

2. Pensamento Lógico e Sistemático:

Habilidade: Pessoas autistas frequentemente exibem um pensamento lógico e estruturado, o que lhes permite abordar problemas de maneira metódica e eficiente.

Benefícios para a Empresa: Essas características são ideais para funções em análise de dados, programação, engenharia e resolução de problemas complexos, onde a capacidade de seguir processos lógicos é crucial.

3. Habilidades Técnicas Específicas:

Habilidade: Muitos autistas têm habilidades técnicas específicas e aprofundadas em áreas como matemática, ciência, tecnologia e engenharia.

Benefícios para a Empresa: Essas habilidades podem ser altamente vantajosas em departamentos de TI, desenvolvimento de produtos, pesquisa e desenvolvimento, e operações técnicas. Exemplos de Benefícios em Diferentes Áreas de uma Empresa:

1. Tecnologia da Informação (TI)

Atenção aos Detalhes: Na área de testes de software, a capacidade de detectar erros e inconsistências é crucial. Pessoas autistas podem se destacar na identificação de bugs e na garantia de qualidade do software.

Pensamento Lógico: Em programação e desenvolvimento de sistemas, o pensamento lógico e estruturado permite a criação de códigos mais eficientes e menos propensos a erros.

2. Pesquisa e Desenvolvimento (P&D)

Habilidades Técnicas Específicas: Na pesquisa científica e tecnológica, a capacidade de se concentrar profundamente em um tema específico pode levar a descobertas inovadoras e avanços tecnológicos.

Atenção aos Detalhes: A precisão e a exatidão são essenciais em experimentos e análises, áreas onde autistas podem se destacar.

3. Análise de Dados

Pensamento Lógico e Sistemático: Analisar grandes volumes de dados requer uma abordagem metódica e a capacidade de identificar padrões e tendências. Autistas com habilidades analíticas podem transformar dados complexos em insights acionáveis.

Habilidades Técnicas: A capacidade de trabalhar com ferramentas e software de análise de dados pode ser altamente benéfica em setores como finanças, marketing e operações.

4. Controle de Qualidade

Atenção aos Detalhes: Em linhas de produção e fabricação, a capacidade de detectar defeitos e inconsistências pode melhorar significativamente a qualidade dos produtos finais.

Pensamento Lógico: A abordagem sistemática pode ajudar a identificar e resolver problemas de processo, aumentando a eficiência e reduzindo o desperdício.

3. DESAFIOS ENFRENTADOS POR PESSOAS AUTISTAS NO AMBIENTE DE TRABALHO

3.1. Barreiras de Comunicação e Interação Social

Dificuldades de Comunicação: Muitas pessoas autistas enfrentam desafios na comunicação verbal e não verbal, como interpretar expressões faciais, tom de voz e sutilezas sociais. **Interação Social:** A dificuldade em entender e participar de conversas informais e dinâmicas sociais pode levar a mal-entendidos e isolamento social.

Impacto dos Desafios: A comunicação ineficaz pode resultar em mal-entendidos e erros na execução de tarefas, afetando a qualidade do trabalho. **Satisfação no Trabalho:** A dificuldade em interagir socialmente pode levar ao sentimento de exclusão e diminuir a satisfação e o engajamento no trabalho. **Importância de Reconhecer:** **Ambiente Inclusivo:** Adaptar a comunicação e oferecer treinamentos para toda a equipe pode ajudar a superar essas barreiras, promovendo um ambiente mais acolhedor e colaborativo.

3.2. Sensibilidade Sensorial e Ambiente Físico de Trabalho

Sensibilidade Sensorial: Muitas pessoas autistas têm hipersensibilidade a estímulos sensoriais, como luzes brilhantes, ruídos altos e texturas desconfortáveis. **Ambiente Físico:** Ambientes de trabalho com altos níveis de estimulação sensorial podem ser desconfortáveis para essas pessoas. **Desempenho:** A sobrecarga sensorial pode levar à fadiga, estresse e dificuldade em se concentrar, prejudicando o desempenho e a eficiência. **Satisfação no Trabalho:** Ambientes desconfortáveis podem aumentar o estresse e a ansiedade, diminuindo a satisfação e a disposição para o trabalho. Importância de Reconhecer: **Ambiente Inclusivo:** Oferecer adaptações, como áreas de trabalho mais silenciosas, controle de iluminação e opções de personalização do espaço, pode melhorar o conforto e a produtividade.

3.3. Preconceitos e Estigmas Associados ao Autismo

Preconceito: Estigmas e mal-entendidos sobre o autismo podem levar a discriminação, exclusão e julgamentos injustos sobre as capacidades e o desempenho dos funcionários autistas. **Estigma:** A falta de conhecimento sobre o autismo pode resultar em estereótipos e suposições errôneas sobre as habilidades e o comportamento dos indivíduos autistas. **Desempenho:** A discriminação e o preconceito podem criar um ambiente hostil, afetando a confiança e o moral, o que pode prejudicar a produtividade e o desempenho.

Satisfação no Trabalho: A exclusão e a falta de apoio podem levar a uma experiência de trabalho negativa e ao desejo de buscar outras oportunidades.

Ambiente Inclusivo: Promover a educação e a sensibilização sobre o autismo dentro da empresa é crucial para combater preconceitos e criar uma cultura inclusiva e respeitosa.

4. ESTRATÉGIAS PARA INCLUSÃO DE PESSOAS AUTISTAS

4.1. Adaptações no Local de Trabalho

Espaços Tranquilos: Criar áreas de trabalho silenciosas ou "salas de descompressão" onde funcionários autistas podem se retirar para reduzir o estresse sensorial e retomar a concentração. **Benefício:** Ajuda a minimizar a sobrecarga sensorial e melhora o conforto e a produtividade. **Flexibilidade de Horários:** Oferecer horários de trabalho flexíveis ou permitir trabalho remoto quando possível. **Benefício:** Ajuda a acomodar necessidades pessoais e permite que funcionários autistas trabalhem em horários em que se sintam mais produtivos.

Ferramentas de Comunicação Utilizar ferramentas de comunicação escrita e visual, como e-mails, mensagens instantâneas e quadros de comunicação, para facilitar a troca de informações. **Benefício:** Facilita a comunicação e reduz mal-entendidos, especialmente para aqueles que têm dificuldade com interações verbais.

4.2. Treinamentos e Sensibilização da Equipe

Treinamento sobre Neurodiversidade:

Oferecer programas de treinamento para todos os funcionários sobre neurodiversidade, incluindo autismo, para aumentar a compreensão e promover um ambiente mais inclusivo. **Benefício:** Melhora a empatia e a colaboração, reduzindo preconceitos e estigmas.

Sensibilização Contínua:

Realizar workshops regulares e atividades de sensibilização para manter a equipe informada sobre melhores práticas e atualizações em neurodiversidade.

Mantém a equipe engajada e atualizada sobre a inclusão e o apoio a colegas neurodivergentes.

4.3. Políticas Inclusivas

Recrutamento e Retenção:

Desenvolver políticas de recrutamento que promovam a contratação de pessoas autistas e oferecer suporte contínuo.

Benefício: Garante que pessoas autistas tenham oportunidades iguais e recebem o suporte necessário para prosperar no ambiente de trabalho.

Políticas de Acompanhamento e Avaliação:

Implementar processos de avaliação de desempenho que considerem adaptações feitas e o impacto das práticas inclusivas.

Benefício: Avalia a eficácia das adaptações e ajusta as políticas conforme necessário para garantir um ambiente de trabalho justo e acessível.

4.4. Cultura Corporativa

Promoção da Diversidade:

Fomentar uma cultura corporativa que valorize a neurodiversidade em todas as suas formas, celebrando diferentes habilidades e perspectivas.

Benefício: Cria um ambiente de trabalho mais acolhedor e inovador, onde todos os funcionários se sentem valorizados.

Respeito e Inclusão:

Estabelecer e promover valores e comportamentos que respeitem e incluam a diversidade neurológica, com uma liderança visível e comprometida.

Benefício: Fortalece a cultura inclusiva e assegura que a diversidade seja integrada nas práticas diárias e na tomada de decisões da empresa.

5. CONCLUSÃO E CHAMADO À AÇÃO INTELIGENTE

Ao longo deste capítulo, exploramos os muitos benefícios que a inclusão de pessoas autistas pode trazer para o ambiente corporativo, desde o aprimoramento da produtividade e inovação até a criação de uma cultura de trabalho mais diversificada e acolhedora. Discutimos os desafios comuns enfrentados por profissionais autistas, como barreiras de comunicação, sensibilidade sensorial e preconceitos, e como esses desafios podem impactar seu desempenho e satisfação no trabalho. Além disso, apresentamos estratégias práticas para promover a inclusão, incluindo adaptações no local de trabalho, treinamentos e sensibilização da equipe, políticas inclusivas e a importância de cultivar uma cultura corporativa que valorize a diversidade. Essas abordagens não só ajudam a superar obstáculos, mas também garantem que todas as pessoas possam contribuir plenamente e se sentir valorizadas.

5.1 Chamado à Ação

Para que as empresas possam tirar pleno proveito das vantagens da neurodiversidade, é crucial começar a implementar práticas inclusivas. Aqui estão alguns primeiros passos para criar um ambiente de trabalho mais inclusivo:

Avaliação do Ambiente de Trabalho:

Realize uma análise para identificar barreiras físicas e culturais que possam impactar a inclusão de funcionários autistas. Considere adaptações como áreas de trabalho silenciosas e ferramentas de comunicação acessíveis.

5.2 Treinamento e Sensibilização

Invista em programas de treinamento sobre neurodiversidade para todos os níveis da organização. Isso ajudará a aumentar a compreensão, reduzir preconceitos e promover um ambiente colaborativo e inclusivo.

5.3 Desenvolvimento de Políticas Inclusivas

Crie e implemente políticas de recrutamento e retenção que considerem as necessidades de pessoas autistas. Estabeleça processos de acompanhamento para garantir que as práticas inclusivas sejam eficazes e ajustadas conforme necessário.

5.4 Promoção de uma Cultura de Inclusão

Fomente uma cultura corporativa que valorize e celebre a neurodiversidade em todas as suas formas. Mostre um compromisso visível com a inclusão, o que pode incluir iniciativas de liderança e celebração de conquistas diversas.

5.5 Importância do Compromisso Contínuo

O compromisso contínuo com a inclusão e a valorização da neurodiversidade é essencial para criar um ambiente de trabalho onde todos possam prosperar. Ao adotar uma abordagem proativa e engajada, as empresas não apenas cumprem sua responsabilidade social, mas também para aproveitar o potencial completo de uma força de trabalho diversificada e inovadora.

5.6 Experiência Pessoal

Ao longo da minha carreira, testemunhei como a inclusão de pessoas neurodivergentes transformou ambientes de trabalho. Lembro-me de um colega autista que tinha uma capacidade excepcional de identificar padrões e solucionar problemas complexos. Sua contribuição foi essencial para o sucesso do projeto, trazendo uma perspectiva única que nenhum de nós havia considerado. Iniciativas de treinamento sobre neurodiversidade que conduzi mostraram-se transformadoras. Ao educar a equipe sobre as diversas formas de neurodiversidade, observei um aumento significativo na empatia e colaboração. Funcionários que antes desconheciam ou tinham preconceitos sobre essas condições começaram a adotar uma abordagem mais inclusiva e respeitosa.

A inclusão de pessoas neurodivergentes não apenas enriqueceu o ambiente de trabalho, mas também trouxe benefícios tangíveis para a empresa. Projetos conduzidos por equipes diversas resultaram em soluções mais criativas e inovadoras. Essa experiência reforçou minha convicção de que a valorização da neurodiversidade é essencial para o sucesso organizacional. Essas vivências reforçam a importância de criar um ambiente onde todos possam se sentir valorizados e apoiados. É fundamental que as empresas invistam em práticas inclusivas e continuem a promover a neurodiversidade como um pilar de sua cultura corporativa.

AGRADECIMENTO

A Deus pela oportunidade, a minha família pelo apoio, ao amigo Milton Andrade que acreditou em mim para escrever este capítulo, a Associação Amigos do Autista Brasil, por abraçar a causa em treinar pessoas físicas e jurídicas para acolher e entender melhor os autistas. Através de seus programas de treinamento e iniciativas de sensibilização, tem sido um farol de esperança e transformação para com os autistas. Essas iniciativas são essenciais para superar barreiras e preconceitos, promovendo uma cultura de empatia e aceitação. Estou profundamente grata pelo trabalho que vocês realizam e pelo impacto positivo que têm na vida das pessoas autistas.

Com apreço e gratidão, **Leiliane Gonçalves**.

REFERÊNCIAS BIBLIOGRÁFICAS

CURY, Augusto. *O Vendedor de Sonhos.* São Paulo: Academia de Inteligência, 2008.

CURY, Augusto. *O Futuro da Humanidade.* São Paulo: Ed. Sextante, 2005.

ROCHA, Ana Beatriz Barbosa Silva; ORTIZ, Francisco Xavier Amaral. *Mundo Singular.* São Paulo: Ed. Globo, 2013.

SEGAR, Marc. *The Autistic Advocate.* A Guide to Employment and Career Development for Adults with Autism. (O advogado Autista. Um guia para desenvolvimento de carreira, para adultos com autismo.) UK: National Society, 1997.

LEILIANE GONÇALVES

leilianegoncalves

Aponte o seu celular para o QR Code e veja mais.

Pedagoga e neuropsicopedagoga, com pós-graduação em gestão de pessoas. Com vasta experiência nas áreas de educação e neuropsicopedagogia, dedica-se a promover práticas educacionais inclusivas e eficientes, auxiliando no desenvolvimento cognitivo e emocional de seus alunos. Além disso, sua expertise em gestão de pessoas, permite que ela implemente estratégias eficazes para o desenvolvimento e bem-estar das equipes corporativas, buscando sempre o aprimoramento contínuo e a excelência no ambiente profissional.

SOBRE O AUTOR DO TEXTO

© Ares Soares

© Ares Soares

Caminhos de Pedra
© Ares Soares

AUTISMO
PARTICIPANTE
10 DE AGO
© Ares Soares

© Ares Soares

SELO AMIGO DO AUTISTA
BRASIL
© Ares Soares

B R A S I L
© Ares Soares

B R A S I L
SELO AMIGO DO AUTISTA
© Ares Soares

© Ares Soares

Sou FÁBIO FERREIR
© Ares Soares

BRASIL
© Ares Soares

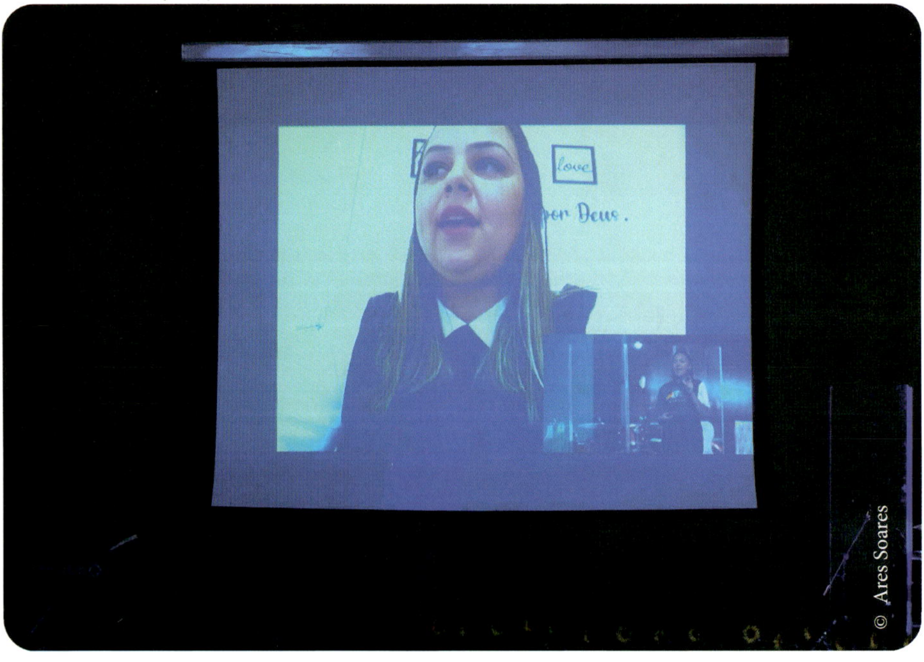
love
por Deus.
© Ares Soares

TREBESCHI
© Ares Soares

© Ares Soares

BRASIL
© Ares Soares

SELO AMIGO DO AUTISTA
© Ares Soares

SELO AMIGO DO AUTISTA
© Ares Soares

© Ares Soares

© Ares Soares

QUINTA PARTE

HOMENAGENS ESPECIAIS

Téo Fera

Homenagem Póstuma ao amigo Teófilo Souza Fernandes de Araújo, carinhosamente chamado de Téo ou Téo Fera, em face da sua resiliência além da cona mediana de todos. O Téo participou da nossa reunião de orientação sobre a concepção da primeira obra escrita da AMABrasil que não tinha nem título ainda, com a presença do Dr. Augusto Cury, Mentor e Coordenador Geral desta publicação tão sonhada, mas, o Téo enfrentava um câncer pela terceira vez de forma mais abrupta. Esse amigo raro foi convidado por mim para servir na nossa organização como Vice Presidente de acordo com a sua disponibilidade de tempo, em face da sua desejável vontade de viver e enfrentar as adversidades da vida com muita coragem, fé, esperança, perseverança em Deus, sobretudo. O Téo era um amigo especial que participou da primeira experiência sensorial que a nossa organização promoveu no dia Mundial do Autismo de 2022, no Shopping Rio Mar Fortaleza. Ademais, o Téo sempre estava presente nas nossas reuniões de planejamento e de confraternização da nossa Diretoria, não podendo

FOTOS / ACERVO ARTICULAR AMABRASIL

FOTOS / ACERVO ARTICULAR AMABRASIL

esquecer a sua presença absoluta na organização do maior evento da AMABrasil, em 2023, na IPNOVA. Enfim, um amigo singular que lutou contra essa doença de maneira dura, dependendo de Deus na sua caminhada, com fé absoluta em todos os momentos que iria vencer, mas, cumpriu-se o seu tempo aqui na terra. Tivemos a alegria de conversar com ele até os últimos momentos de vida por ocasião da sua internação hospitalar, ao lado do seu filho Davi, sem deixar de registrar o amor da Katherine por sua família.

Milton Andrade,
Presidente da AMABrasil.

Radmila Vaz

A AMABrasil presta, com muita justeza, uma homenagem a Engenheira Mecânica formada pela Universidade Federal do Ceará, com louvor, Radmila Vaz, autista, inclusive, uma das Palestrantes do Congresso da nossa organização no ano de 2023. A Radmila Vaz participou da primeira experiência sensorial em pomar de tomates com aproximadamente 30 crianças autistas, ao lado dos seus Pais ou responsáveis. Nesta imagem, capturada no final da sua apresentação, a Isadora Vaz, sua filha, atendida por nossa Embaixadora, Dra. Teyla Bastos Andrade, teve a oportunidade de interagir com o PATRONO da AMABrasil, Dr. Augusto Cury, através de uma curiosidade, deixando todos encantados com a sua singularidade. Enfim, a Radmila Vaz, também, participou da primeira reunião com o Dr. Augusto Cury e todos os coautores desta publicação, todavia, infelizmente, não foi possível escrever o seu capítulo, em face de uma enfermidade que a levou ainda muito jovem. O nosso preito singelo a uma autista que não mediu esforços para ser luz na vida de muitos e, sobretudo, na formação da sua filha Isadora.

Com amor,
Milton Andrade, Presidente da AMABrasil.

FOTO / CLÉCIO ALBUQUERQUE